세계를 뒤흔든
공산당 선언

세계를 뒤흔든

공산당 선언

데이비드 보일 **지음 ǀ** 유강은 **옮김**

세계를 뒤흔든 **공산당 선언**

>> 차 례

| 일러두기 |

1 이 책은 David Boyle, *The Communist Manifesto*(The Ivy Press, 2004)를 완역한 것이다.

2 본문에 나오는 모든 각주는 옮긴이 주이며, 별표(*)로 표시했다. 단, 『공산당 선언』 원문에 나오는 모든 각주는 엥겔스의 주이다.

3 인명이나 지명, 그리고 작품명은 '외래어 표기법'(1986년 1월 문교부 고시)과 이에 근거한 『편수자료』(1987년 국어연구소 편)를 참조했으나, 주로 원어에 가깝게 표기하는 것을 원칙으로 삼았다.

4 단행본 · 전집 · 정기간행물 · 신문 · 잡지 · 팸플릿 등에는 겹낫쇠(『 』)를, 논문이나 논설 · 기고문 · 단편 · 미술 · 건축 · 영화 등의 작품 등에는 홑낫쇠(「 」)를 사용했다.

책머리에

1848년은 인류의 역사를 뒤흔든 소요의 해이다. 유럽 대부분의 주요 대도시에서 혁명이 발발해 여러 왕조가 무너지고 코뮌이 수립되었으며, 바리케이드 곳곳에서 인간의 평등이 제창된 것이 바로 이 해였다. 혹자에게는 무시무시한 계시록을 연상시켰을지 모를 그 여파는 70여 년이 지나 제1차 세계대전이 발발할 당시까지도 사람들의 의식 속에 뚜렷이 남아 있었다. 그리고 1848년에 벌어진 그 모든 혁명적 사건 가운데서도 역사에 가장 광범위한 영향을 끼친 것은 『공산당 선언』(이하『선언』)의 출간이었을 것이다. 얄궂게도 실제로 출간된 해에는 거의 아무런 영향을 미치지 못했지만 말이다.

1848년 이전에도 공산주의는 유토피아주의, 사회주의, 평등주의 등이 불편하게 혼재된 상태로나마 존재하고 있었다(『선언』에서는 이를 두고 유럽을 떠도는 '유령'이라고 불렀다). 그러나『선언』이 출간되기 전에는 합의된 형태, 철학, 강령을 지닌 단일한 운동이 아니었다. 그 해 2월 런던에서『선언』이 출간됨으로써 이 모든 상황이 바뀌었다.

『선언』의 지은이들은 죽을 때까지 생애의 대부분을 영국에서 보낸 두 명의 독일 혁명가였다. 4년 전부터 협력했던 정치철학자 칼 맑스(1818~1883)와 기업가 프리드리히 엥겔스(1820~1895)는 1847년의

엥겔스(왼쪽)는 부유한 사업가이자 공산주의자였으며, 맑스(오른쪽)가 평생 친구로 지낼 수 있는 유일한 사람이었다. 그의 분별력, 기지, 의사소통 능력은 『선언』의 형성에서 없어서는 안 될 요소였다. 맑스는 좀체 친구나 동료로 삼기 어려울 만큼 완고한 인물이었지만 당대 세계를 꿰뚫어보는 빛나는 통찰력을 지녔다. 맑스가 『선언』에 남긴 도장은 이후 그것으로부터 등장하는 모든 운동이 그의 이름과 연결되리라는 것을 의미했다.

마지막 몇 달 동안 공산주의자동맹에서 위임받아 『선언』을 작성했다. 초안은 연락을 주로 맡고 있던 엥겔스가 작성했는데, 그는 당시 유럽 신흥 산업도시들의 소름끼치는 환경 속에서 살아가고 있던, 이제 막 출현하기 시작한 산업 노동자들이 이해할 수 있도록 쉬운 언어로 글을 썼다. 그리고 최종 초안의 마무리는 평생 동안 원고 마감일과 씨름을 한 맑스가 엄청난 양의 브랜디와 시가를 축내가면서 간신히 끝마쳤다. 이 모든 과정에 단 6주가 걸렸다.

　　『선언』은 지금까지 쓰여진 사회주의 문헌 가운데 가장 잘 읽히고, 가장 명쾌하며, 가장 도발적이고, 가장 선동적이다. 『선언』은 지구상의 거의 모든 언어로 번역되었으며, 출간된 역사나 규모를 따져볼 때 『성경』이나 『코란』과 맞먹는다. 처음 출간될 당시에는 이미 공공연한 반란이 벌어지는 세계 속에서 전혀 주목을 받지 못했지만 결국에는 레닌, 마오쩌둥, 호치민, 카스트로 같은 수많은 혁명가들뿐만 아니라 새로운 사회를 꿈꾸는 모든 이들에게 영향을 미치고 영감을 불어넣어 주었다.

그렇지만 지난 20세기(특히 1925~70년)를 되돌아보건대, 『선언』은 역사상 가장 심하게 오해되고 잘못 해석된 정치 소책자이거나 읽는 이들의 정치적 신념에 따라 가장 잘못 받아들여진 글이 된 듯하다. 물론 그렇다고 해서 『선언』이 오늘날에는 더 이상 중요하지 않다는 말은 아니다. 오히려 더 중요해졌다.

『선언』이 단순한 선언문이 아니라 역사학, 철학, 사회학, 정치학의 혁명을 위한 초벌 그림이기 때문만은 아니다. 영국의 역사학자 에릭 홉스봄이 지적했듯이, 『선언』은 "자본주의가 변형시킨 1848년의 세계를 묘사했던 것이 아니라, 자본주의가 이 세계를 어떻게 변형시킬 수밖에 없는가를 논리적으로 예견"한 책자이기 때문이다. 요컨대 『선언』이 출간된 지 150여 년이 흐른 지금에야 우리는 1848년에 맑스와 엥겔스가 예견한 이 세계의 모습을 더 잘 알아볼 수 있게 된 셈이다(언젠가 맑스는 "다 자란 신체는 그 신체의 세포들보다 연구하기가 더 쉽다"고 말한 적이 있다). 따라서 우리가 당분간 자본주의에서 계속 살아갈 수밖에 없는 한, 『선언』의 중요성이 쉽게 사그라지지는 않을 것이다.

WORDS
THAT
CHANGED
THE WORLD

Context and Creators

등장배경과 지은이

『선언』의 지은이인 맑스와 엥겔스가 태어날 당시까지도 유럽 최초의 거대한 혁명(1789년 프랑스혁명)은 여전히 대륙 전체에 크나큰 여파를 끼치고 있었다. 프랑스혁명은 유럽의 옛 질서에 도전한 최초의 대규모 사회혁명이었다. 맑스와 엥겔스의 부모는 그런 발본적이고 갑작스러우며 압도적인 변혁이 가능하다는 사실을 알고 자라난 첫번째 세대의 일원이었다.

1789년 이전에는 특권 귀족과 성직자의 지지를 받는 강력한 군주제가 두 사람의 조국인 프로이센을 비롯해 유럽 대국들을 지배하고 있었다. 그러나 『선언』에서 '부르주아지'로 묘사된 새로운 중간계급이 대륙 전역(특히 최근에 산업화된 영국)에서 태동하고 있었고, 다른 한편에서는 노동계급이 새로운 산업도시들로 꾸역꾸역 밀려들고 있었다.

프랑스혁명을 돌아보면서 『선언』을 작성한 맑스와 엥겔스는 당대 프랑스의 낡은 질서가 점차 확대되는 돈의 힘과 부르주아지 양쪽에서 압력을 받게 된 결과, 귀족과 성직자의 특권이 쓸려나가게 되었다는 견해를 발전시켰다. 사실 1789년 이전부터 프랑스의 부르주아지는 루이 16세의 사치스러운 베르사유 궁전, 쾌락만을 좇는 왕비의 변덕, 값비싼 비용을 요하는 해외 전쟁 등을 감당하느라 나라가 빚에 허덕이는 상황을 당혹감에 가득 찬 채 바라보았다. 그래서 루이 16세와 프랑스에 부를 가져다 준 이 새로운 계급은 이제 자신들의 이해관계가 충분히 대변될 수 있도록 정부에서 영향력을 발휘하고 싶어했다.

부르주아지는 상퀼로트*라 알려진 노동계급과 함께 봉기를 벌였다. 숙련·반(半)숙련 노동자인 이 기능공들은 파리 거리로 몰려나와 빵을 비롯한 기본 생필품을 요구했다. 1789년 7월 14일 이 두 집단이 하

이른바 검은 땅(Black Country)이라는 영국 대공업지대의 굴뚝들에서 나온 연기가 물결을 이루고 있다. 맑스가 태어나기 전 세대에 등장한 새로운 도시 빈민, 즉 산업 프롤레타리아트는 그가 새롭게 제시한 철학의 핵심 요소였다.

나로 뭉쳐 바스티유 감옥을 습격한 일은 노동계급과 부르주아지가 혁명적인 목표를 이루기 위해 함께 무력을 행사한 최초의 사건이었다. 바스티유를 습격한 군중은 귀족, 정부 관리, 군 장교 등 자신들의 길을 막는 이들을 모조리 가로등 기둥에 매달았으니, 바야흐로 프랑스 전역에서 4만 채의 성과 수도원이 파괴되기 직전이었다.

『선언』에 따르면, 프랑스혁명은 "부르주아적 소유를 위해 봉건적 소유를 폐지했다". 맑스와 엥겔스가 분명히 밝혔듯이 이는 최후의 혁명──즉, 프롤레타리아 혁명은 아니었다. 그러나 그 새로운 혁명으로

---

* 상퀼로트(sans-culottes)는 말 그대로는 '반바지를 입지 않은' 이라는 뜻이다. 상류계급이 입는 최신 유행의 반바지 대신 긴 바지를 입은 노동계급을 지칭한다.

새로운 시대를 연 사건인 1789년의 바스티유 감옥 습격을 그린 당대의 판화. 맑스와 엥겔스로 하여금 혁명적 변혁의 가능성을 믿게 만든 중요한 사건이다.

나아가기 위한 중요한 단계였다. 이와 같은 프랑스혁명의 여파가 채 가시지 않은 유럽에서 성장했기에, 맑스와 엥겔스는 혁명을 통해서만 정치 변화를 달성할 수 있다고 확신했다. 지배계급이 자신들의 권력을 쉽사리 내놓는 일은 결코 없을 테니, 혁명은 피할 수 없다고 믿었던 것이다. 이러한 믿음은 혁명이 아니라 평화적인 개혁을 통해 당대의 정치를 변화시킬 수 있다고 믿은 당대의 갖가지 사회주의와 대조된다고 할 수 있다.

무릇 혁명은 순식간에 통제를 벗어나 폭력으로 변해갈 위험에 늘 노출되어 있다. 프랑스혁명도 더 많은 대중의 지지를 얻게 되자 관용적 성격을 잃어버리고는 결국 1793~94년의 공포정치로 치달아갔다. 혁명

프랑스혁명 당시 파리의 거리 시위를 다룬 그림.

1793년 프랑스 국왕 루이 16세의 처형 장면. 걷잡을 수 없이 진전된 혁명은 혼란스러운 유혈사태와 무차별 보복으로 이어졌다. 국왕의 죽음은 프랑스 봉건제와 귀족정치의 타파를 뜻했다.

이 "자기 자신을 게걸스럽게 먹어치우던" 이 유혈적인 시기 동안 혁명 법정은 정권 반대파들을 신속히 단두대로 보내버렸다. 3만~5만 명에 이르는 사람들이 '국가의 적'이라는 죄목으로 체포되었고 그 가운데 대다수가 목숨을 잃었다. 스탈린의 소련과 마오의 중국이라는 전체주의적 맑스주의 체제에서도 이런 국가폭력이 빚어진 바 있다.

1789년 8월 4일 하룻밤 사이 프랑스에서는 봉건제가 씻은 듯 사라져 버렸고, 국민의회 의원들도 눈물을 흘리면서 면세 특전, 각종 봉건 특권, 십일조 등을 포기했다. 국민의회가 작성한 『인간과 시민의 권리 선언』(이하 『인권선언』)은 인간은 누구든지 출신배경에 상관없이 높은 지위를 얻을 수 있다고 선언함으로써 계급제도를 폐지하고자 했다. 『인권선언』에는 표현의 자유, 언론의 자유, 불법적인 체포나 구금을 당하지 않을 자유 등의 원칙도 담겨 있었다. 비록 자신들의 견해 탓에 생의 대부분을 망명지에서 보내야 했던 맑스와 엥겔스는 이러한 권리를 전혀

왼쪽 그림은 대포를 끌고 베르사유 궁전으로 향해 가는 혁명세력 여성을 그린 당대의 판화이고, 오른쪽 그림은 1848년 혁명을 낳은 운동의 원천 가운데 하나였던 프랑스의 공화주의자 클럽이다.

누리지 못했지만. 다가올 세대의 혁명가들에게 이러한 원칙은 중대한 이상이었다. 그러나 『선언』은 『인권선언』과는 접근방식이 달랐다. 『선언』은 자신이 단순한 도덕을 뛰어넘어 프롤레타리아 혁명이 역사적 필연임을 입증한 '과학적' 선언임을 자임한 것이다.

"프랑스가 재채기를 하면 유럽이 감기에 걸린다." 『선언』의 도입부에 특별히 거론된 프랑스 수상 기조와 더불어 '요괴'로 낙인찍힌 오스트리아의 외상 메테르니히(1845년 맑스를 추방하라고 명령하는 영장에 서명한 인물)가 늘어놓은 불평이다. 맑스가 나중에 믿게 되듯이, 혁명이 전염성을 갖고 있다는 것은 사실이었다. 1819년에는 스페인에서 잠깐이나마 자유주의 혁명이 있었고, 1820년에는 이탈리아에서 또 다른 혁명이 일어났다. 터키에서 독립하기 위한 1821년의 그리스혁명은 널리 찬양받는 대의가 되었는데, 심지어 영국의 낭만주의 시인인 바이런 경까지도 이에 고무받아 참여했다(바이런 경은 결국 극렬한 전투 중에 목숨을 잃었다). 러시아는 자유주의파와 귀족파가 왕위 승계에 영향력을 행사하려 한 1825년에 짤막하고 혼란스러운 반란을 겪었다. 프랑스는

1830년 7월에 또 다른 혁명을 치르게 되었는데, 같은 해에 네덜란드에서도 혁명이 발발했다.

옛 유럽은 '자유, 평등, 우애'라는 외침 앞에 하나같이 몸서리치고 있었다. 이러한 사태에 대해 전 세계의 지배계급은 빈 회의 같은 동맹체를 형성해 대응했다. 1814~15년 겨울 내내 각국 외교관들은 빈에서의 논의를 이어가며 혁명가들에 맞서 굳건히 버틸 수 있는 '새로운' 유럽을 고안해 내느라 온갖 애를 썼다. 1820년 오스트리아의 트로파우

프랑스에서 계급체제를 철폐하려 한 『인간과 시민의 권리 선언』이 천사의 모습으로 지상에 내려왔다.

에서 열린 또 다른 회의에서는 이러한 결의를 실행에 옮기기 위해 한 나라의 국내문제에 국제사회가 개입할 수 있는 권리를 확인했다. 맑스와 엥겔스의 청년 시절 내내 유럽 전역의 보수세력은 갑자기 싹튼 민족주의와 헌법개혁의 물결을 저지하려고 애를 썼다. 메테르니히 같은 인물들은 맑스 같은 혁명가들을 방비하기 위해 경찰 밀고자들로 이루어진 복잡한 감시망을 구축하기도 했다.

대홍수와도 같은 1848년의 사태를 위한 무대는 이미 마련되어 있었고, 바스티유 감옥이 함락되고 거의 세 세대가 경과한 그 무렵에는 유럽 곳곳의 더러운 빈민가마다 『선언』이 환호로 맞이한 프롤레타리아트가 너무나도 분명하게 존재하고 있었다.

노동계급의 등장

1815년 나폴레옹이 워털루에서 패배했다는 소식이 런던에 당도하기까지는 기원전 1세기에 카이사르가 갈리아 족을 무찔렀다는 소식이 육로로 전해질 때와 비슷한 시간이 걸렸다. 그러나 19세기 중엽에 이르면 증기를 동력으로 하는 기차가 분당 1마일의 속도로 움직이게 된다. 노년의 웰링턴 공작은 철도 탓에 노동계급(그리고 그가 두려워한 혁명가들)이 여기저기 돌아다니게 될 것이라는 생각에 좀처럼 마음을 진정시키지 못했다. 웰링턴 공작의 우려는 참으로 정확했다. 1848년 파리에서 브뤼셀로 기차를 타고 돌아오려 한 일군의 벨기에 혁명가 집단은 철도 기사들이 선로를 바꾸는 바람에 군대와 맞닥뜨리게 된 적도 있었다.

증기가 쉭쉭 내뿜는 소리와 철제 기계장치의 철커덩하는 소리는 또 다른 혁명의 도래를 알리는 것이기도 했다. 산업혁명은 수많은 유럽인들을 제강업이나 면직업에서 일하기 위해 농촌에서 도시로 이동하게 만들었다. 그에 따라 영국의 맨체스터나 버밍엄, 독일의 뒤셀도르프, 프랑스의 리용 같은 제조업 도시들로 사람들이 꾸역꾸역 밀려들었다. 이들은 새로운 도시 빈민층을 형성했고, 맑스는 『선언』에서 이들을 '프롤레타리아트'라고 불렀다.

개통 직후인 1831년의 영국 리버풀-맨체스터 구간 철로. 웰링턴 공작은 철도가 노동계급을 여기저기 옮겨다니게 만들 것이라고 우려했다.

1815년 워털루 전투. 유럽 전역에 철도가 도래하기 전에 마지막으로 벌어진 중요한 사건이다. 철도가 놓아진 덕분에 혁명가들과 그들의 사상은 유례를 찾아볼 수 없을 만큼 쉽게 곳곳으로 퍼져나갈 수 있었다.

19세기가 시작될 때 7만 명이었던 맨체스터의 인구는 1831년에 이르러 두 배로 늘어났다. 런던은 인구 성장에서 새로운 기록을 세웠다. 1801년의 98만 8천 명에서 1851년의 236만 3천 명으로 경이적인 증가를 보인 것이다. 아무리 도시계획을 해놓더라도 새롭게 유입되는 인구 숫자에 압도당했고, 깨끗한 물이나 하수도 같은 기본 시설도 거의 마련되지 못했다. 거기에다가 하늘은 온통 공장 굴뚝이 내뿜는 오염된 공기로 뒤덮여 있었다.

새로운 프롤레타리아트인 요크셔의 광부.

영국만큼 산업혁명이 새로운 하층계급의 삶에 커다란 영향을 미친 나라는 없었다. 빨간 머리의 아일랜드 출신 공장 노동자 메리 번즈를 연인으로 삼아 빈민가로 뛰어드는 모험을 감행한 엥겔스는 자기가 속한 계급에서 좀처럼 보기 드문 인물이었다. 엥겔스는 1844년에 『영국 노동계급의 상태』를 통해 맨체스터에서 직접 목격한 바를 생생한 어조로 묘사했다. "사방 천지의 웅덩이마다 쓰레기와 썩은 고기, 역겨운 오물이 엄청나게 쌓여 있다 …… 게다가 여남은 개의 높은 공장 굴뚝에서 나오는 연기로 대기는 탁하고 시커멓다. 초라한 몰골의 부녀자와 아이들이 떼를 지어 여기 저기 돌아다니는데, 그 모습이 쓰레기 더미와 진흙탕에서 무럭무럭 자라는 돼지만큼이나 더럽다." 이 책은 도시 빈민의 존재를 점차 깨달아가던 일군의 정치계급에게 매우 커다란 영향을 미쳤다.

콜레라 발병은 흔한 일이었고, 새로운 산업병인 폐결핵도 마찬가지였다. 어떤 지역에서는 유아가 3명당 1명꼴로 첫 돌을 넘기지 못하고 죽었다. 자식 세 명을 가난이라는 질병으로 잃은 맑스 자신이 이러한 사태를 직접 겪었다. 엥겔스는 맑스의 딸 프란치스카의 죽음을 애도하면서 이렇게 말했다. "자네와 자네 가족이 어떻게 해서든 좀더 건강에 좋은 지역의 더 넓은 집으로 이사갈 수만 있다면 얼마나 좋겠나!"

사는 곳이 이러할진대, 프롤레타리아트가 일하는 곳이라고 더 좋을 리 만무했다. 당시에는 대량생산이 새로운 사회적 풍속이었다. 일주

1709년에 최초로 선철이 생산된 곳인 잉글랜드 북부 콜브룩데일 제철소 주변의 숨막히는 공기. 19세기 중엽의 공장은 사람을 무지막지하게 쥐어짜고 지독하게 건강을 해치는 곳이었다.

일에 6일 동안 수천 명의 노동자들이 아침에 쏟아져 들어갔다가——14시간 뒤인——저녁에 쏟아져 나왔다. 1842년의 어느 정부 보고서는 맨체스터의 기계공과 일반 노동자 그리고 그들 가족의 평균 수명이 17세에 불과하다고 밝혔다. 산업재해는 팔다리 절단을 비롯한 상해의 주요 원인이었다. 게다가 작은 몸집으로 광산 갱도를 쉽사리 왔다갔다할 수 있을 뿐더러 민첩한 손가락으로 직조기의 속도를 따라잡을 수도 있다는 이유로 어린아이들이 고용되기까지 했다.

　『선언』에서 말한 것처럼, "프롤레타리아트의 노동은 자립성을 모두 상실했고 …… 노동자는 이제 기계의 단순한 부품"이 되었다. 공장 체제로 인한 인간 소외는 『선언』이 제기한 가장 중요한 문제 중 하나이며, 21세기에도 여전히 해결되지 않은 채 남아 있다.

잉글랜드 뉴캐슬에 쓰러질 듯이 뒤죽박죽 늘어서 있는 1880년대의 빈민주택들.

프랑스혁명은 노동자들에게 자유를 약속했지만 산업혁명은 노예의 지위를 주었을 뿐이다. 맑스와 엥겔스에 따르면, 두 혁명에서 모두 성공을 거둔 것은 부르주아지뿐이었다. 특히 산업화된 영국에서 '기업가'라는 새로운 종족이 등장했다. 기업가들은 '자본'을 동원해 더 많은 돈을 버는 데 필요한 자원, 설비, 노동자를 한데 모았다. 이제 부는 전례없는 권력을 의미하게 되었다. 이따금 노동계급에게 자선이 행해지긴 했다.

공장 주변으로 새로운 시대의 과밀 도시 빈민가가 자라났다.

그러나 남아프리카에서 다이아몬드와 금 광산을 운영해 아프리카의 두 식민지(오늘날의 짐바브웨와 잠비아인 남로디지아와 북로디지아)에 자기 이름을 붙인 세실 로즈의 다음과 같은 말이 당대의 시대정신을 그대로 요약해 준다. "자선은 좋은 일이다. 그러나 5퍼센트의 자선은 더욱 좋은 일이다."

이제 '증기공장 사회'가 '산업자본가'와 더불어 봉건 영주의 자리를 대신했고, 그 모든 것의 심장부에는 시대를 규정하는 모순이 자리잡게 되었다. 적어도 『선언』은 그렇게 주장했다. 노동계급 자신, 짓밟힌 프롤레타리아트가 실제로 부를 창출하는 수단이라는 모순 말이다.

『선언』은 "이집트의 피라미드, 로마의 수로, 고딕식 성당을 한참 능가하는 기적"을 이룬 부르주아지의 업적을 인정했다. 맑스와 엥겔스는 부르주아지가 이룩한 독창적인 혁명의 중요성을 기꺼이 받아들였으며, 소수의 프롤레타리아트밖에 없는 독일에서 시초의 혁명이 일어날 것이라고 예측했다.

그러나 초기 공산주의자들은 자본주의가 단말마의 고통을 겪고 있다고 너무나도 쉽게 믿었다. 『선언』은 현대 산업이 지금까지 고립되어 있던 노동자들을 제작소와 공장으로 밀어 넣음으로써 프롤레타리아트가 결사와 연합을 통해 지배적인 세력으로 우뚝 설 수 있는 조건을 만들어내고 있다고 예견했다. 맑스가 첫번째 절 말미에서 만족감에 젖어 지적했듯이, 부르주아지는 "자기 자신의 무덤을 파는 일꾼들"을 만들어내고 있었다. 그리고 "부르주아지의 몰락과 프롤레타리아트의 승리는 둘 다 피할 수 없는 길"인 듯이 보였다.

경찰국가, 망명문화, 초기 공산주의자들

19세기 초의 유럽 왕족들은 보통 친족관계로 굳게 결속되어 있었다. 점차 혁명의 분위기가 감돌자 왕족들은 권위주의 정부, 무자비한 검열, 첩자망 등의 도움을 받아 왕권을 더욱 굳게 부여잡았다. 맑스의 언론 활동은 종종 특별한 관심의 대상이 되었다. 1842년 맑스는 쾰른의 자유주의 성향 신문인 『라인신문』의 편집장이 되었는데, 그가 쓴 글의 논조는 곧 당국의 관심을 끌게 되었다. 러시아를 비판한 논설은 차르 니콜라이 1세의 궁정에서도 읽혔다. 곧 프로이센 국왕의 귀에 조용한 말이 전달되었고 신문은 폐간되었다.

이는 맑스를 비롯한 당대의 수많은 급진주의자들에게 흔히 반복되는 일이었다. 1848년 맑스가 『선언』을 마무리한 직후 벨기에 국왕 레오

폴드 1세는 맑스에게 24시간 이내에 이 나라를 떠나라고(그리고 다시는 돌아오지 말라고) 명령하는 왕령에 직접 서명했다. 1850년대 초에는 프로이센의 경찰 첩자들이 맑스 일가가 런던에 처음 도착해 5년을 산 소호 지구 딘스트리트 28번지 인근에 상설 야영지를 마련하기까지 했다.

런던 소호 지구 딘스트리트 28번지에 있는 맑스의 집 벽에 걸려 있는 명판. 영국에 처음 건너온 맑스 일가가 프로이센 첩자들의 끊임없는 감시를 받으며 5년 동안 산 곳이다.

1830~40년대 내내 맑스와 엥겔스 둘 다 다른 정치적 망명객들과 나란히 파리, 브뤼셀, 쾰른, 런던 등지에 있던 급진파의 온상을 왔다갔다하면서 살았다. 1830년 프랑스 7월혁명과 1831년 폴란드의 실패한 혁명에 고무된 여러 혁명가 집단은 무장봉기를 계획하기 위해 빈번히 모임을 가졌다. 이 혁명가들은 금지된 문헌을 살포한 죄로 투옥되었고, 동지들은 종종 그들을 탈옥시키려는 대담한 시도를 벌였다. 맑스와 엥겔스는 감옥에서 간혹 밤을 지새는 경우가 있기는 했지만, 체포가 임박했다는 소식이 들리면 재빨리 그 나라를 등지곤 했다. 맑스는 경찰에 발각되지 않으려고 가명을 쓰는 등의 예방조치를 취했다――'랑보(Ramboz) 선생'은 맑스가 특히 좋아한 가명 가운데 하나였다. 특히 독일에서 노동자 운동이 고동치고 있었는데, 대부분 수공업자 길드라는 외피를 걸친 비밀결사의 형태로 조직되었다.

주모자들을 다른 유럽 나라로 추방함으로써 정치적 소요의 문제를 해결하려 한 유럽 각국 정부의 시도는 원래 의도와는 정반대의 결과를

트리어의 어느 밀실에서 회동하는 정치인들. 맑스의 동시대인들, 특히 혁명적 성향의 사람들은 끊임없는 감시를 받았고, 재판이나 항소의 기회도 얻지 못한 채 구속되거나 망명길에 오르는 위험을 무릅써야 했다.

낳았다. 오히려 갖가지 급진주의 사상이 들불처럼 번지고, 억압과 반동의 시대가 낳은 불가피한 소산인 망명 혁명가 집단이 곳곳에서 모습을 드러내게 만들었으니 말이다.

그러나 이들 집단 가운데 어느 누구도 조리 있는 계획이나 통일된 의제를 내놓지 못했다. 종파주의가 만연된 가운데 한 지방에 국한되어 조직된 음모나 시위는 쉽게 탄압당하기 일쑤였다. 힘을 합해 행동하지 못한 때문이었다. 이와 마찬가지로 공산주의를 신봉한다는 쪽 역시 어떤 응집력 있는 틀거리로서 존재한 것이 아니라 유토피아주의, 프랑스의 평등주의, 기독교 이상주의 등이 뒤범벅된 형태로 존재했다.

추방자동맹 역시 이런 집단 가운데 하나였다. 초기 공산주의 조직의 하나였던 이 동맹은 주로 독일 출신 망명객들로 이루어져 있었다.

1834년 파리에서 창건된 추방자동맹의 성원들은 엥겔스의 표현을 빌리자면, 대부분 지식인 중간계급 가운데서도 가장 '흐리멍텅한 인물들'이었다. 1836년 다소 완곡한 명칭의 비밀결사 의인동맹이 분리해 나왔을 때에도 이들은 계속 그런 상태에 머물러 있었다. 의인동맹은 훗날『선언』작성을 위임하는 공산주의자동맹이 되었지만, 이때만 해도 비슷한 수많은 비밀결사들 중 하나에 불과했다.

　　1839년 5월의 파리 봉기가 실패로 돌아간 뒤, 의인동맹의 지도자 일부는 외국인 정치선동가들에게 덜 적대적이라고 알려져 있던 런던으로 망명했다. 이들은 이곳에서 독일노동자교육협회라는 점잖은 이름의 조직을 결성했다——실제로는 억센 몸집의 식자공 칼 샤퍼, 작은 키에 익살맞은 성격의 구두수선공 하인리히 바우어, 그리고 요제프 몰이라는 시계제조공 세 명이 이끄는 비밀결사의 위장 조직이었다.

　　맑스는 1843년 런던을 방문했을 때 이 3인조를 만났다. 이들은 맑스가 처음으로 만난 노동계급 혁명가들로서 그에게 깊은 인상을 주었다. 이들은 스위스, 독일, 프랑스 등지에 상당수의 지지자 망을 구축해 놓고 있었던 것이다. 게다가 노동자들의 결사가 불법으로 선언된 곳에서는 합창단이나 체육클럽 같은 형태로 '지부'를 위장하고 있었다. 그러나 맑스와 엥겔스는 이들이 내세우는 이데올로기가 약간 모호하다고 생각했다. 그래서 1846년 브뤼셀을 중심으로 공산주의자연락위원회를 결성했다. 맑스와 엥겔스의 목적은 유럽 곳곳에 살고 있는 사회주의 지도자들을 하나로 연결하고 런던, 파리, 독일, 스위스 등지의 유사 집단과 연락을 유지하는 것이었다. 그러나 더 중요하게는 의인동맹을 발전적으로 변화시킬 수 있는 발판을 마련하는 데 있었다.

1866년 런던 하이드파크에서 개혁동맹이라는 단체의 회원들이 집회를 열려 하자 경찰이 이를 저지하면서 시위대와 충돌하는 광경. 영국은 가장 발달된 산업 프롤레타리아트를 보유하고 있었으나 예고된 대로 혁명을 일으키지 않아 맑스주의자들을 거듭해서 좌절시켰다.

얼마 안 있어 맑스와 엥겔스는 공산주의자연락위원회를 해체하고 의인동맹에 직접 들어가게 됐다. 특히 맑스는 의인동맹의 원칙 없는 '인도주의'를 혹독히 비판하는 데 전력했고, 그의 혹독한 비판을 견디지 못한 몇몇 사람들은 의인동맹을 탈퇴하기 시작했다.

독일인 재단사로 의인동맹의 가장 유명한 구성원이었던 빌헬름 바이틀링이 처음으로 탈퇴한 사람들 가운데 하나였다. "눈물이나 질질 짜는 감상적 공산주의자"로 불렸던 바이틀링은 "얼토당토않은 김빠진 감상주의" 때문에 비판을 받았다. 어느 날 회의석상에서 맑스가 자리를 박차고 일어나 탁자를 쾅하고 내리치면서 다음과 같이 외쳤을 때, 바이틀링은 더 이상 중앙위원회에 머물러 있을 수 없었다. "무지가 도움이 된

적은 한 번도 없소이다!" 고성이 오가는 가운데 회의는 연기되었고, 바이틀링은 그 직후 미국으로 이주했다. 바이틀링이 탈퇴한 뒤 엥겔스는 동맹의 구성원들에게 공산주의에 관해 토론을 하자고 제안해 파리의 장인들이 진정한 공산주의자인지 아니면 두루뭉실하게 "인류의 행복을 추구하는" 사람들에 불과한지 알아내려고 했다. 엥겔스는 다수가 자신을 지지했지만 표결을 좌우하는 데는 "약간의 인내심과 어느 정도의 위협"이 필요했다고 브뤼셀에 보고했다.

의인동맹의 마지막 대회는 런던에서 열렸다. 맑스는 샤퍼, 바우어, 몰이 그들 스스로 공산주의자동맹으로 재조직하기 전까지는 힘을 합치지 않겠다고 말했고, 결국 세 사람은 이에 동의했다. 그리고 대부분의 사람들이 생각하는 것과 공공연하게 배치된다는 이유로 맑스가 경멸해 마지 않던 "모든 인류는 형제이다"라는 기존의 표어를 "만국의 노동자들이여 단결하라!"로 바꾸는 데 동의했다. 공산주의자동맹은 이런 우여곡절 끝에 1846년 6월 런던에서 창립되었다.

어울리지 않는 짝 : 맑스와 엥겔스

역사상 가장 유명한 동반자 가운데 하나인 맑스와 엥겔스는 가장 어울리지 않는 한쌍이기도 했다. 겉으로 보기에 맑스와 엥겔스는 성격이나 생활방식이 정반대였다. 심지어 외모도 그랬다. 맑스는 땅딸막하고 가무잡잡한데다가(그의 별명은 '무어인'이었다), 종종 자기혐오로 괴로워하는 유태계 부르주아 지식인이었다. 반면 엥겔스는 큰 키에 피부도 흰 전형적인 아리아인으로서 방직업에 종사하는 부유한 집안 출신이었다. 공통점이 있다면 둘 다 텁수룩한 턱수염을 길렀다는 것이다.

두 사람은 1844년 8월 파리에서 처음 '제대로' 만났다. 엥겔스는 랭커셔에 있는 집안의 면직공장을 방문한 뒤 독일로 돌아가는 길이었다. 1842년 엥겔스가 쾰른의 『라인신문』 사무소를 방문했을 때 한번 인사를 나누기는 했지만, 그때는 "머리카락 사이로 오만 가지 악마가 들어간 듯 지껄여대는" 젊은 편집장을 조심하라는 경고를 받았다. 반면 파리에서 만나 레장스 카페에서 술을 몇 잔 마시고 그 뒤로도 많은 날들을 대화로 보낸 뒤, 엥겔스는 둘의 관계를 다음과 같이 한마디로 정리했다. "우리는 모든 이론적 분야에서 의견이 완전히 일치한다는 점이 분명해졌고, 그 순간부터 우리의 공동 작업이 시작되었다." 그때 이래로 엥겔스는 맑스가 계속 절친한 관계를 유지할 수 있는 거의 유일한 사람이 되었다.

맑스와 엥겔스는 서로를 완벽히 보완해 주었다. 맑스는 본대학에서 법률을 공부하고 그 뒤 좀더 유력한 대학인 베를린대학에서 철학을 공부했다. 맑스는 자신의 지적 활기를 경제학 공부에 쏟아 부었지만 자본주의라는 기계장치가 어떻게 돌아가는지에 관한 직접적인 지식은 없었다. 엥겔스가 끼여든 지점이 바로 여기였다. 대학 교육을 받지 않은 엥겔스는 맑스의 학식을 따라잡지는 못했지만, 집안 사업에 관여한 덕분에 그가 '비열한 상업'이라고 부른 분야에 관해서는 잘 알고 있었다. 1845년 둘이 영국을 처음 방문했을 때까지도 맑스는 독일에 관심을 집

맑스 생전의 대영도서관 열람실 광경(블룸즈버리). 런던에 정착한 맑스가 제집처럼 드나들던 곳이다. 맑스는 도서관에서 많은 시간을 보낼 수 있었던 게 자신이 '생업'으로 돈벌이를 해서가 아니라 엥겔스가 보조해 준 덕분임을 공공연하게 인정했다.

중하고 있었다. 이런 맑스에게 프롤레타리아트의 출생지인 영국의 중요성을 처음 보여준 것도 엥겔스였다.

엥겔스는 둘이 만난 거의 직후부터 맑스에게 돈을 보내기 시작했다. 40년이 흐른 뒤 엥겔스는 "어떻게 사람들이 천재를 질투할 수 있는지" 도무지 이해할 수 없다고 썼다. "그런 재주가 없는 우리는 처음부터 그것이 얻을 수 없는 권리임을 안다. 그런 재능을 시기하는 사람은 그 자신이 지독하게 속이 좁은 인간임을 보여주는 꼴밖에 안 된다." 엥겔스는 맑스가 저술에 전념할 수 있도록 뒷받침하고 물질적으로 돕는 게 역사가 자신에게 부여한 임무라고 생각했다. 엥겔스는 20년이 넘는 기간 동안 정해진 금액의 소액권 지폐를 보내주었는데, 대개는 〈에르멘 & 엥

노년의 엥겔스. 독신으로 자녀가 없었던 엥겔스는 연인과 그녀의 여동생에게 집 한 채를 마련해 주었고, 사업을 하고 남는 시간에 혁명에 관한 글을 저술했다.

겔스)라는 집안 회사의 금고에서 나온 돈이었다(엥겔스는 우편물 절도를 막기 위해 지폐를 반으로 동강내서 각각 다른 봉투에 넣어 보냈다). 맑스는 엥겔스라는 후원자가 없었더라면 대영도서관의 열람실에서 시간을 보내는 대신 '생업'에 종사해야 했을 것이라는 점을 인정했다.

　두 사람은 서로 아주 다른 삶을 살았다. 엥겔스는 마지못해 사업에 뛰어들기는 했지만 재정적 안정과 여가시간을 이용해 여러 관심사를 추구했다. 그리고 자녀 없는 독신으로 구속받지 않는 삶을 살며 메리 번즈 그리고 그녀의 여동생과 한 집에서 3인 가족을 영위했다. 이와 대조적으로 맑스는 살아남은 자녀 세 명이 있는 기혼자로 생의 대부분을 가난 속에서 보내며, 가족을 살리느라 애를 썼다.

　맑스와 인고의 삶을 산 그의 부인 예니는 전당포에 물건을 맡기고 찾아오거나 친척들에게 돈을 빌리려는 편지를 쓰느라 기력을 소진하기 일쑤였다. 맑스 일가는 돈 쓰는 일에 서투르기 이를 데 없었는데, 유산 상속 등으로 뜻밖의 돈이 생길 때마다 의사의 청구서를 치르기는커녕 아이들의 음악교습이나 애완동물에 몽땅 털어 넣었다. 맑스 일가가 겪어야 했던 궁핍과 혼란은 결국 가족 모두의 건강을 해치게 되었고, 맑스는 평생 종기를 비롯한 고통을 안고 살아야 했다. 엥겔스에게 말한 것처럼, 유일한 위안이라고는 이 부스럼이 '프롤레타리아트의 질병'이라는 사실이었다.

맑스와 달리 엥겔스는 시간을 효율적으로 관리하는 사람이었다. 엥겔스는 정식 일자리를 유지하는 동시에 우아한 필치로 상당 분량의 저서, 편지, 기사 등을 썼다. 맑스의 글씨는 워낙 괴발개발이라 부인인 예니와 엥겔스말고는 아무도 알아볼 수 없었다. 『뉴욕트리뷴』에 '칼 맑스'의 서명으로 게재된 500건의 기사 가운데 적어도 절반은 엥겔스가 쓴 것이었다. 엥겔스는 겉으로는 영국 신사인 양 살면서 적진 깊숙이 침투한 밀정처럼 행동했는데, 맑스에게 면화 교역에 관한 기밀 내용과 국제시장의 동향에 대한 전문가적 관찰을 보내주었다.

어느 정도 돈을 벌 때의 칼 맑스와 딸 예니의 모습이다. 맑스와 그의 부인(부인의 이름도 예니였다)은 유산 상속 등으로 뜻밖의 돈이 생길 때마다 시급한 청구서를 처리하기보다는 책이나 공연 같은 문화를 향유하는 데 다 썼다.

이 둘은 효율적인 동료이자 훌륭한 친구였다. 그러나 맑스가 대개 다른 친구들과는 사귄 지 얼마 되지도 않아 불구대천의 원수가 되어 버리고 종종 값비싼 중상모략 소송에 휘말리기도 했던 사실을 감안하면, 두 사람을 묶어 준 결속력은 놀랍기 그지없다. 둘은 자주 편지를 교환했다. 철학과 정치문제에서부터 다른 동지들에 대한 불평, 그리고 좀더 내밀한 문제에 이르기까지 온갖 이야기를 편지로 주고 받았다──맑스는 종기의 상태를 끔찍하게 묘사해 적어 보냈고, 엥겔스는 우연히 나눈 성관계에 대해 자랑스럽게 떠벌리기도 했다. 두 사람 사이에 비밀이라곤 없었다. 기록을 통해 확인할 수 있는 둘 사이의 유일한 불화는 메리 번즈의 갑작스런 사망 소식을 듣고 맑스가 보낸 편지 때문에 벌어졌다. 진심에서 우러난 애도를 표해야 할 판에 맑스는 돈이 없어 고생하고 있다고 적으면서 이런 말로 편지를 끝맺었다. "메리가 아니라, 어차피 좀 있으면 병도 들 테고 살 만큼 산 우리 어머니가 죽었어야 하는 게 아닌가?" 엥겔스는 차가운 답장을 보냈고, 맑스는 부끄러운 나머지 평생 처음으로 자신의 냉담한 태도에 대해 사과하는 편지를 썼다.

1883년 맑스가 죽었을 때, 안락의자에 앉은 채 죽어 있는 맑스를 처음 발견한 것도 엥겔스였다. 3일 뒤 런던 북부에 있는 하이게이트 공동묘지에 맑스를 안장시키며 엥겔스는 감동적인 조사를 낭독했다. "다윈이 유기체의 발전 법칙을 발견한 것처럼, 맑스는 인간 역사의 발전 법칙을 발견했다." 아마 그럴지도 모른다. 그러나 가장 친한 친구가 없었더라면 그런 일은 불가능했을 것이다.

교리문답에서 선언으로

『선언』은 역사상 그 어떤 정치 소책자보다도 많은 사람에게 읽혔지만, 가장 많은 오해를 야기한 제목의 소책자이기도 하다. 1848년에는 그런 당이라곤 전혀 존재하지 않았으니 말이다. 맑스와 엥겔스에게 강령 작성을 위임한 공산주의자동맹이 원한 것은 '신앙고백'이었다. 왜냐하면 당시의 비밀결사들은 은밀한 '입문 의식'을 중요시했기 때문이었다. 1847년 6월 엥겔스가 쓴 「공산주의자의 신조 표명」이라는 제목의 초안이 로마 카톨릭의 교리문답에서 차용한 문답 형식으로 구성된 것도 이

1870년대의 시점에서 본 자본가와 프롤레타리아트의 대조적인 모습. 왼쪽의 자본가들은 편안하게 서 있는 반면, 기계의 거대한 톱니바퀴와 거의 분간이 되지 않는 프롤레타리아트는 육중한 망치를 들어올리고 있다.

때문이었다("공산주의란 무엇인가? 답: 공산주의는 프롤레타리아트 해방의 조건에 관한 교의이다. 프롤레타리아트란 무엇인가? 답: 프롤레타리아트는 오로지 자신의 노동을 팔아서만 생계수단을 얻는 사회 계급이다").

　　그렇지만 맑스는 혁명가들이 왜 자신의 견해와 의도를 감추어야 하는지 반문했다. 당시에는 해체된 의인동맹에는 '비밀결사' 형식이 맞았을지 모르지만, 새롭게 결성된 공산주의자동맹은 동맹의 견해와 의도를 솔직하게 밝혀야 한다는 것이었다. 이처럼 혁명적인 개방성을 반영할 선언문이 필요하다는 데 동의한 엥겔스는 맑스에게 편지(1847년 11월 23일)를 보내 이렇게 제안했다. "교리문답 형식을 버리고, 이 문서를 '공산당 선언'이라고 부르세."

1847년 10월, 엥겔스는 동맹의 또 다른 구성원인 모제스 헤스가 「신앙고백」이라는 제목의 초안을 이미 작성해 놓았다는 사실을 알게 되었다. 파리에서 열린 공산주의자동맹 회의에 참석한 엥겔스는 '유토피아주의' 냄새가 나는데다가 설상가상으로 프롤레타리아트에 관해서는 거의 언급조차 없는 이 문서를 조목조목 비판했다. 1847년 11월의 공산주의자동맹 2차 대회는 런던 소호 지구의 그레이트윈드밀 스트리트에 있는 술집, 〈레드라이언〉(역사적으로 유럽 망명객들이 모이는 곳이었다) 2층에서 열렸다. 열흘 동안 열띤 논쟁이 이어진 가운데 결국 최종 승자는 맑스와 엥겔스가 되었다.

맑스가 참석하지 않은 1차 대회(런던에서 6월에 열린 공산주의자동맹 창립대회)에서는 공산주의자동맹의 목적이 "소유의 공유 및 이의 가능한 신속한 실제 도입"을 통한 "인류의 해방"으로 밝혀져 있었다. 맑스와 엥겔스는 물에 물 탄 듯 술에 술 탄 듯한 이런 어정쩡한 감상주의를 일련의 새로운 요구로 한층 향상시켰다. 공산주의자동맹은 이제 "부르주아지 타도, 프롤레타리아트의 지배, 계급 적대에 기초한 낡은 부르주아 사회의 철폐, 계급과 사적 소유가 없는 새로운 사회의 건설" 등을 요구하게 되었다. 공산주의자동맹의 야심이 크게 확대된 것이다.

맑스와 엥겔스가 새로운 동맹의 목적을 철저하게 바꿔 놓았기 때문에 이러한 목적을 요약하는 새로운 문서가 시급히 필요했다. 위원회 업무에 능한 엥겔스는 이 작업을 일차적으로 맑스에게 맡기도록 확실히 해 놓았다. 일단 맑스의 손에 맡기기만 하면, 회원이 천 명도 되지 않는 소규모 조직의 호소문 따위는 가볍게 능가하는 뛰어난 작품이 나올 것임을 알고 있었던 것이다.

1870년대에 프랑스 화가 귀스타브 도레의 눈에 비친, 『선언』을 탄생시킨 산업중심지 런던의 풍경. 비좁기 짝이 없는 주거지구 사이로 연기를 내뿜는 공장 굴뚝과 기관차의 모습이 보인다.

　곧 쓰여질 문서의 취지 가운데 하나는 공산주의라는 교의를 정의하는 것이었다. 비록 프랑스혁명 이래 수도 없이 이루어진 광범위한 논의들에 뿌리를 두기는 했지만, 맑스와 엥겔스는 기존의 다른 정의들을 대체할 만한 새로운 정의로 공산주의를 설명하려고 했다. 즉, 『선언』은 혼란스러운 여러 사상을 하나의 응집력 있는 철학으로 통합하려는 시도였던 것이다. 그리고 비록 한 단체의 신조로 제시되긴 했지만 『선언』은 공산주의자들이 "다른 노동계급 정당들과 대립하는 별도의 당을 결성하지 않는다"고 주장했다. 공산주의자는 노동계급과 완전히 동일한 이해관계를 갖고 있었던 것이다.

그러나 맑스와 엥겔스는 공산주의를 새롭게 설명하는 데에만 머물지 않았다. 언젠가 맑스는 "지금까지의 철학자들은 여러 가지 방식으로 세계를 해석했을 뿐이다. 그러나 문제는 세계를 변혁하는 것"이라고 말한 바 있다. 이것이야말로 『선언』이 쓰여진 진정한 이유였다. 맑스와 엥겔스는 연기 나는 공장 굴뚝에서 멀리 떨어진 곳에 목가적인 노동공동체를 세우는 게 현실을 바꾸는 최선의 길이라고 생각한 '공상적' 사회개혁가들을 경멸했다. 이 두 사람은 노동자들이 겪는 곤경을 변화시키려면 계급투쟁이라는 역사적 과정에 참여하여 도시라는 싸움터에서 자본가들과 맞서 싸워야만 한다고 믿었던 것이다.

새로운 역사, 새로운 정치

혁명으로서는 유감스럽게도, 공산주의자동맹 2차 대회를 마치고 벨기에로 돌아오자마자 맑스는 순식간에 급박함을 잊은 듯 보였다. 대회 이후 몇 주 동안 맑스는 다른 신문에 논설을 쓰고, 노동자 협회를 대상으로 강연을 하고, 지부를 세우기 위해 겐트까지 다녀오는 등 다른 일은 다 하면서도 막상 시급히 해야 할 일에는 손을 대지 않았다.

맑스가 아무런 행동도 보이지 않는 데 실망한 런던의 지도자들(샤퍼, 바우어, 몰)은 1848년 1월 24일 브뤼셀로 최후통첩을 보냈다. 세 사람은 만약 맑스가 그해 2월 1일까지 런던으로 『선언』을 보내지 않으면 "맑스에게 추가 조치가 취해질 것"이라고 선언했다. 맑스가 자신의 임무를 완수하지 못할 경우, "중앙위원회는 현재 맑스가 맡고 있는 문서들을 즉각 반환하라고 요청"할 것이었다. 즉, 맑스는 맡은 일을 빼앗길 위기에 처해 있었다. 이 문서들은 무엇이었을까? 맑스는 아마 샤퍼와 몰이 작성한 초안을 갖고 있었을 테고, 헤스가 작성한 채택되지 않은 초안도 갖고 있었을 것이며, 엥겔스가 쓴 초고도 가지고 있었을 것이다. 그러나 앞의 두 문서를 제대로 읽었는지는 분명치 않다. 당시 맑스와 엥겔스가 교환한 편지로 보건대, 두 사람 모두 런던의 위원회에서 맑스에게 전달한 지시사항에 얽매이지 않기로 마음먹은 것은 분명하다.

이 최후통첩은 맑스로 하여금 집필에 박차를 가하게 만든 듯하다. 커피, 브랜디, 시가를 연료 삼아 맑스는 브뤼셀의 오를레앙 가 42번지에 있는 서재에서 밤새도록 미친 듯이 휘갈겨 댔다. 문서는 제때 완성되었다. 마감 시한이 코앞에 닥칠 때마다 심각한 무관심 증세나 종기로 고생하곤 하는 사람치고는 6주만에 1만 2천 단어를 썼다는 것은 대단한 업적이었다. 어쨌든 그 지은이가 몇 년 뒤 이제 몇 주만 있으면 『자본』 1권을 마무리한다고 확신에 차서 말한 사람이니 하는 말이다 (실제로는 몇 주가 아니라 10년 뒤에야 『자본』 1권을 완성했다).

엥겔스는 늘 『선언』의 중심 사상이 맑스의 머리에서 나온 것이라고 역설했다. 적어도 현대의 판본에서는 두 사람의 이름이 나란히 표지에 실려 있기는 하지만, 내용이나 구성 모두 맑스가 가장 많은 부분을 담당했다는 것은 확실하다. 하지만 엥겔스의 지문도 곳곳에 묻어 있다 (예컨대 최종판의 표현에서도 여전히 엥겔스가 초고를 쓸 때 사용한 교리문답 형식의 느낌이 묻어난다). 좌우간 『선언』이 출간되었을 때 맑스가 29살, 엥겔스가 27살이었으니 젊은이들의 저작이라고 할 만한데, 이 야심적인 저작은 공산주의의 정수를 지키기 위해 경쟁자들(프랑스의 피에르 프루동이나 영국의 로버트 오언 같은 개혁 사회주의자들)을 조목조목 비판하는 데서 멈추지 않는 원대한 포부와 열의로 가득 차 있었다.

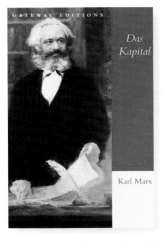

맑스의 위대한 저작인 『자본』. 너무나도 유명해서 언제나 '다스 카피탈' (*Das Kapital*)이라는 독일어 원본의 이름으로 불린다. 『선언』에서 처음 스케치된 골격에 이론이라는 살을 입힌 연구서라 할 수 있다. 오른쪽은 1867년 함부르크에서 출간된 『자본』 1권 초판의 첫 페이지.

　　맑스와 엥겔스가 자신들의 신념을 가장 명쾌하면서도 대중적으로 표현(이를 위해 두 사람은 추상적 개념들을 일반 대중 독자를 위해 명쾌한 언어로 풀어냈는데, 특히 엥겔스가 이런 일에 능숙했다)한 글이기도 한 『선언』은 네 개의 절로 이루어져 있다.

　　『선언』의 혁명적 측면은 1절에서부터 곧장 직접적으로 분명하게 드러난다. 1절은 당대까지의 역사를 기존과는 달리 '유물론적'으로 분석해 놓은 야심찬 시도였기 때문이다.

　　맑스와 엥겔스는 노동자들에게 단결해야 한다는 확신을 불어넣으려면 역사를 완전히 새롭게 해석해야만 한다고 생각했다. 그래서 산업혁명의 와중에 영국, 프랑스, 독일의 노동자들이 겪은 고통을 새로운 맥락에서 보았다. 맑스가 보기에 역사는 위대한 개인들이나 나라들이 벌인 전쟁의 역사가 아니라 계급투쟁의 역사였다. 생산을 지배하는 자들과 자신의 노동력을 이들에게 팔 수밖에 없는 자들 사이의 갈등이 역사를 움직이는 힘이라고 본 것이다. 맑스와 엥겔스의 말에 따르면 당대(19세기 중반)에는 부르주아지와 프롤레타리아트라는 두 적대 계급이 존재하는데, 과거에는 계급이 이토록 양극화된 적이 한 번도 없었다.

뒤이어 맑스와 엥겔스는 봉건 세력에 맞서 극적인 혁명을 이룩한 부르주아지를 찬양하는 기나긴 구절을 펼쳐 놓는다. 귀족도, 교회도, 낡은 특권의 힘도 모든 것을 돈으로 환원시킨 부르주아지 앞에서는 버티지 못했다. 그러나 위기의 순간이 빠르게 다가오고 있다고 『선언』은 설명한다. 하층 중간계급은 자본주의적 독점에 침식당했고, 농민들은 토지에서 밀려났으며, 일체의 복잡하고 미세한 계급 구분은 프롤레타리아트로 단일하게 수렴되고 있었다. 따라서 일단 프롤레타리아트가 자신의 존재와 힘을 인식하기만 하면 직접 권력을 장악해 공산주의 시대로 인도하는 것은 피할 수 없는 길이었다. 그리고 그렇게 된 이후에야 진정으로 평화롭고 조화로운 사회가 가능할 것이었다.

이것은 노동조건을 개혁해야 한다는 감정적이거나 윤리적인 요구가 아니었다(20세기에 접어들어서도 맑스주의자들은 이러한 개혁이 사회의 근저에 자리잡은 계급투쟁을 흐릴 뿐이라고 비난했다). 이것은 무기를 들라는 호소이자 결과의 불가피성을 단언하는 선언이었다. 19세기의 많은 역사가와 철학자들처럼, 맑스와 엥겔스는 역사의 불가피한 진화를 믿었다. 다만 그 진화의 방향을 놓고 의견을 달리했을 뿐이다.

『선언』 2절에서 맑스와 엥겔스는 공산주의자들은 다른 노동계급 정당과 대립하지 않으며, 경쟁하는 정당과 다른 점이 있다면 다만 국제적으로 사고하고 프롤레타리아트의 역사적 중요성을 이해하는 것뿐이라고 주장한다. 그리고는 공산주의에 대해 제기되는 네 가지 주된 비난, 즉 공산주의자들은 정당하게 일해서 번 소유를 폐지하려 한다, 자유연애를 도입하려 한다, 가족을 폐지하려 한다, 조국과 국적을 없애려 한다는 등의 비난을 반박한다. 이런 비난들에 대해 맑스와 엥겔스는 논쟁을 거꾸로 뒤집어 오히려 자본주의가 이 모든 상황을 만들어낸 것이라고 주장한다. 마지막으로는 원대한 야심의 폭을 약간 줄여서(왜냐하면 "이러한 조치들은 나라마다 각기 다를 것"이기 때문에) "가장 발전한 나라들"을 위한 10개의 '일반적'인 강령을 제시한다.

3절은 ('반동적 사회주의'에서 '공상적 사회주의'에 이르는) 여타의 자칭 사회주의자들에 대한 공산당의 입장을 제시하고 있으며, 4절은 각 나라별로 자신들이 지지하는 세력을 나열하고 있다.

『선언』 전체를 하나로 놓고 보면 원대하고 전율을 느끼게 하며 성난 어조로 가슴을 후련하게 만든다. 그러나 혁명의 본성, 공산주의의 미래상, 혁명 전과 후에 필요한 방법, 이 모든 것이 갖는 현실적인 의미 등은 모호하게만 제시되어 있다. 그리고 나중에 자세히 살펴보겠지만 이 점 때문에 심각한 결과가 빚어지기도 했다.

아마 맑스 자신도 현실 공산주의를 봤다면 자신이 염두에 뒀던 모습과 다르다고 느꼈을 것이다. 언젠가 한 친구가 자기는 맑스가 평등한 사회에서 흡족해 하며 사는 모습을 도무지 상상할 수 없다고 말한 적이 있다. "나도 상상할 수가 없다네." 맑스도 맞장구를 쳤다. "그런 시대가 반드시 오겠지만, 그때는 우리가 이미 이 세상에 없을 테니."

The Document

『공산당 선언』 원문

『선언』의 초고. 맑스와 엥겔스는 자신들의 새로운 정치이론이 "묵직한 책으로 묶여 '학자' 세계에만 국한"되기를 바라지 않았기 때문에, 『선언』을 의도적으로 짧고 간결하게 서술했다.

하나의 유령이 유럽을 떠돌고 있다. 공산주의라는 유령이. 옛 유럽의 모든 세력이 이 유령을 내쫓기 위해 신성동맹을 맺었다. 교황과 차르, 메테르니히와 기조, 프랑스 급진파와 독일의 경찰 첩자들이.

반정부당치고 정권을 잡고 있는 적수들로부터 공산주의 세력이라 비난받지 않은 경우가 어디 있는가? 또 좀더 진보적인 반정부당이나 반동적인 적수들에게 공산주의라는 낙인을 찍으며 비난하지 않는 반정부당이 어디 있는가?

이러한 사실에서 두 개의 결론이 나온다.

I. 공산주의는 이미 유럽의 모든 세력으로부터 하나의 세력으로 인정받았다.

II. 따라서 공산주의자들은 자신들의 견해와 목적, 의도를 공공연하게 전 세계에 밝히고 공산주의의 유령이라는 동화(童話)에 당 자신의 선언으로 맞서야 할 적기를 맞이하고 있다.

이러한 목적으로 온갖 국적의 공산주의자들이 런던에 모여 영어, 프랑스어, 독일어, 이탈리아어, 플랑드르어, 덴마크어로 발표될 다음 선언문을 기초했다.

I. 부르주아지와 프롤레타리아트[*]

이제까지 사회의 모든 역사[**]는 계급투쟁의 역사이다.

자유민과 노예, 귀족과 평민, 영주와 농노, 길드 장인[***]과 직인, 즉 억압자와 피억압자는 서로 끊임없이 대립했으며, 때로는 은밀하게 때로는 공공연하게 끝없는 투쟁을 벌여왔는 바, 이 투쟁은 전체 사회의 혁명적 개조로 끝나거나 투쟁하는 계급들이 함께 몰락하는 것으로 끝났다.

앞선 시대를 돌아보건대, 우리는 거의 어느 시기에나 사회가 여러 계층으로 복잡하게 구분되고 사회적 지위가 다양한 등급으로 나뉘어 있음을 보게 된다. 고대 로마에는 귀족, 기사, 평민, 노예가 있었고, 중세에는 봉건 영주, 봉신, 길드 장인, 직인, 도제, 농노가 있었으며, 이 모든 계급들 안에는 다시 특수한 등급이 있었다.

---

[*] 부르주아지는 사회적 생산수단의 소유자이며 임금노동의 고용주인 현대 자본가 계급을 뜻한다. 프롤레타리아트는 현대 임금노동자 계급을 말하는데, 자신의 생산수단이 없는 이 계급은 살기 위해 자신의 노동력을 팔 수밖에 없다(1888년 영어판, 엥겔스 주).

[**] 문자로 쓰여진 역사를 말한다. 1847년에는 사회의 전사(前史), 즉 기록된 역사에 앞서 존재했던 사회 조직이 거의 알려져 있지 않았다. 그 뒤 학스타우젠(August von Haxthausen, 1792~1866)이 러시아의 토지 공동소유를 발견했고, 마우러(Georg Ludwig von Maurer, 1790~1872)가 그것이 역사상 모든 독일 종족이 출발한 사회적 토대임을 증명했으며, 머지 않아 사람들은 촌락 공동체가 인도에서 아일랜드에 이르는 모든 사회의 원형이었음을 알게 되었다. 이러한 원시 공산주의 사회의 내부 조직의 전형적인 형태는, 씨족의 진정한 본성 및 씨족과 종족의 관계에 관한 모건(Lewis Henry Morgan, 1818~1861)의 탁월한 발견을 통해 낱낱이 드러났다. 이 태곳적 공동체의 해체와 더불어 사회는 각기 다른 계급들, 결국 서로 대립하는 계급들로 분열해 가기 시작한다. 나는 이 해체 과정을 『가족, 사적 소유, 국가의 기원』(Der Ursprung der Familie, des Privateigenthumus und des Staats, 2판, 슈투트가르트, 1886)에서 추적하고자 했다(1888년 영어판, 엥겔스 주).

[***] 길드 장인(guild-master), 즉 길드의 정식 조합원은 길드의 장인을 말하는 것이지 길드의 우두머리를 말하는 것이 아니다(1888년 영어판, 엥겔스 주).

봉건사회가 몰락하면서 발생한 현대 부르주아 사회는 이러한 계급 대립을 폐지하지 않았다. 이 사회는 다만 새로운 계급들, 새로운 억압 조건들, 새로운 투쟁 형태들로 낡은 것들을 대체했을 뿐이다.

그러나 우리의 시대, 즉 부르주아의 시대는 이 계급 대립을 단순화했다는 독특한 특징을 보여준다. 사회 전체가 점점 더 두 개의 커다란 적대 진영, 직접 대립하는 두 거대한 계급——부르주아지와 프롤레타리아트——으로 분열되고 있다.

중세의 농노로부터 초기 도시의 자유민이 생겨났다. 이 시민층으로부터 부르주아지의 초기 요소들이 발전해 나왔다.

아메리카의 발견과 아프리카 회항로의 발견은 성장하던 부르주아지에게 새로운 땅을 활짝 열어 주었다. 동인도제도 및 중국의 시장, 아메리카 식민지 개척, 식민지 교역, 교환수단 및 상품 일반의 증가로 상업·해운·공업은 미증유의 비약적 발전을 이루게 되었으며, 이로써 붕괴하던 봉건사회의 혁명적 요소들 역시 전례를 찾아볼 수 없을 만큼 급속히 발전하게 되었다.

폐쇄적인 길드들이 공업 생산을 독점했던 봉건적인 공업체제는 이제 새로운 시장들의 확대되는 수요를 감당할 수 없게 되었다. 공장제 수공업인 매뉴팩처 체제가 그 자리에 대신 들어섰다. 길드 장인들은 매뉴팩처 중간계급에게 밀려났고, 서로 다른 공동생산 길드들 사이의 분업은 각 작업장 내의 분업 앞에서 자취를 감췄다.

한편 시장은 줄곧 확대되었고 수요 역시 계속해서 증가했다. 이제는 매뉴팩처로도 충분하지 않았다. 이때 증기와 기계가 산업생산에 혁명을 일으켰다. 매뉴팩처 대신 현대적인 대규모 산업이 들어섰고, 산업 중간계급의 자리는 산업 백만장자들과 전체 산업군단의 지도자들, 즉 현대 부르주아지가 차지했다.

현대 공업은 아메리카의 발견으로 그 초석이 마련된 세계 시장을 창출했다. 세계 시장 덕분에 상업, 해운, 육상교통은 헤아릴 수 없을 만큼 발전했다. 이 발전은 다시 산업의 확대를 자극했고 산업과 상업, 해운과 철도가 신장하는 만큼 부르주아지도 발전했고 자본을 증식시켰으며 중세로부터 이어져 내려온 모든 계급을 뒷전으로 밀어내 버렸다.

따라서 우리는 현대 부르주아지 자체가 장구한 발전 과정의 산물이며 생산 및 교환 방식에서 잇따라 일어난 혁명의 소산임을 알게 된다.

부르주아지의 발전 단계마다 이 단계와 일치하는 정치적 진보가 나란히 이루어졌다. 부르주아지는 봉건 귀족의 지배 아래에서는 억압받는 계급이었고, 중세 자치도시 코뮌(commune)*에서는 무장한 자치 연합체였으며, 어떤 곳에서는 독립된 도시 공화국이었고(이탈리아와 독일의 경우), 다른 곳에서는 군주국의 납세 의무를 지닌 '제3신분'이었다(프랑스의 경우). 그 뒤 엄격한 의미의 매뉴팩처 시기에는 반(半)봉건적 군주국이나 절대 군주국에서 귀족에 대항하는 평형추로서 기능했으니, 실상은 대군주국 일반의 토대였다──그리고 마침내 현대 산업과 세계 시장이 확립된 이래 부르주아지는 현대적인 대의제 국가에서 배타적인

---

*이탈리아와 프랑스의 도시 시민들도 봉건 영주들에게서 최초의 자치권을 돈을 주고 사거나 빼앗은 후에 자신들의 도시 공동체를 이렇게 불렀다[1890년 독일어판, 엥겔스 주]. 프랑스에서 생겨난 도시들이 초기에 스스로 '코뮌'이라 불렀는데, 심지어 그들이 봉건 영주나 주인들로부터 지방 자치와 '제3신분'으로서의 정치적 권리를 얻어내기 전에도 그렇게 불렀다. 일반적으로 말해, 우리는 여기서 부르주아지의 경제 발전을 보여주는 전형적 나라로 영국을, 정치 발전의 예로서는 프랑스를 들었다[1888년 영어판, 엥겔스 주].

정치적 지배권을 쟁취했다. 현대의 국가 권력은 전체 부르주아지의 공동 사업을 관장하는 위원회에 지나지 않는다.

부르주아지는 역사적으로 가장 혁명적인 역할을 수행해 왔다.

부르주아지는 지배권을 잡은 모든 곳에서 봉건적이고 가부장제적이며 목가적인 관계를 모조리 파괴했다. '타고난 상전'에게 사람을 묶어 놓던 온갖 잡다한 봉건제의 끈을 가차없이 잘라 버렸고, 적나라한 이해관계, 무정한 '현금 지불' 이외에 인간과 인간 사이에 다른 어떤 관계도 남겨 놓지 않았다. 또한 종교적 열정과 기사도의 열광, 속물적

1848년 독일어로 출간된 『선언』초판. 독일에서 직접 출간하는 것은 경찰 첩자들 때문에 너무 위험한 일이었다. 그래서 실제로는 런던의 리버풀 스트리트에 있는 한 출판업자에 의해 출간되었다.

감상주의 등의 성스러운 황홀경을 이기적 타산이라는 얼음장같이 차가운 물 속에 내동댕이쳐 버렸다. 부르주아지는 개인의 존엄을 교환가치로 녹여 버렸고, 특허장으로 확인받은 파기할 수 없는 수많은 자유들을 단 하나의 파렴치한 자유──상거래의 자유──로 대체했다. 간단히 말해 종교와 정치라는 환상의 장막으로 가려진 착취를 공공연하고 파렴치하며 직접적이고 냉엄한 착취로 바꿔 놓은 것이다.

부르주아지는 지금껏 존경받고 경외의 대상이던 모든 직업에서 그 신성한 후광을 걷어내 버렸다. 부르주아지는 의사, 법률가, 성직자, 시인, 학자 등을 자신들에게서 돈을 받는 임금노동자로 바꿔 놓았다.

부르주아지는 가족 관계 위에 드리워져 사람의 심금을 울리던 감상적 장막을 갈가리 찢고 그것을 순전한 금전 관계로 만들어 버렸다.

부르주아지는 반동배들이 그토록 찬미하는 중세시대의 야만적인 힘의 과시가 어떻게 하여 나태하기 짝이 없는 게으른 행태에 의해 적당히 보완되었는지를 낱낱이 까발렸다. 인간의 활동이 무엇을 이룩할 수 있는지를 보여준 것도 부르주아지가 처음이었다. 부르주아지는 이집트의 피라미드, 로마의 수로, 고딕식 성당을 한참 능가하는 기적을 이루었으며, 과거의 모든 민족 대이동과 십자군 원정을 무색하게 만드는 원정을 수행했다.

부르주아지는 생산도구들을 끊임없이 변혁하지 않고서는, 그리하여 생산관계를, 나아가 사회관계 전반을 변혁하지 않고서는 존립할 수 없다. 이와 반대로 과거의 모든 산업 계급은 낡은 생산양식을 그대로 유지하는 것을 첫번째 존립 조건으로 삼았다. 생산의 끊임없는 변혁, 모든 사회적 상태의 부단한 교란, 항구적인 불안정과 동요는 부르주아 시대를 앞선 모든 시대와 구별해 주는 특징이다. 고정되고 단단히 응고된 모든 관계는 고대의 유서 깊은 편견 및 견해와 함께 사라지고, 새로 생겨난 관계들조차 미처 자리를 잡기도 전에 이미 낡은 것이 되어 버린다. 견고한 모든 것이 대기 속에 녹아 버리고, 신성한 모든 것이 모욕당하며, 인간은 마침내 자신의 생활과 상호관계의 진정한 조건을 냉정한 의식을 가지고 바라볼 수밖에 없게 된다.

생산품의 판로를 끊임없이 확장하려는 욕구가 부르주아지를 전 세계로 내몬다. 부르주아지는 어디든지 둥지를 틀어야 하고, 어디든지 정착해야 하며, 어디든지 연고를 맺어야 한다.

부르주아지는 세계 시장을 개척함으로써 모든 나라의 생산과 소비에 범세계적인 특징을 부여했다. 반동배들로서는 대단히 유감스러운 일이겠지만, 부르주아지는 산업이 서 있는 민족적 토대를 발 밑에서부터 무너뜨렸다. 예로부터 내려오던 민족적 산업은 파괴되었고 지금도 매일 파괴되고 있다. 그 자리를 새로운 산업이 속속 차지하고 있는데, 모든 문명 국가들이 사활을 걸고 도입하고 있는 이 새로운 산업은 현지의 원료가 아닌, 아주 멀리 떨어진 지방에서 가져온 원료를 가공하며, 그렇게 하여 생산되는 제품은 자국뿐만 아니라 세계 각지에서 소비된다. 국산품으로 충족되었던 예전의 욕구 대신에 이제 새로운 욕구가 생겨나니 이를 충족시키려면 먼 나라와 토양의 생산물이 필요하다. 예전의 지역적이고 민족적인 고립과 자족 대신에 민족 상호간의 전면적인 교류와 보편적인 의존이 등장한다. 물질적 생산에서뿐만 아니라 정신적인 생산에서도 그러하다. 각 민족의 정신적 창조물은 공동의 재산이 된다. 민족적 일면성과 편협성은 점점 더 불가능하게 되고, 수많은 민족문학과 지방문학이 하나로 합쳐져 세계문학을 이룬다.

부르주아지는 모든 생산도구의 급속한 개선과 한없이 편리해진 교통수단을 통해 가장 미개한 민족까지 포함하여 모든 민족을 문명으로 편입시킨다. 저렴한 상품 가격은 중국의 만리장성을 무너뜨리고 외국인에 대한 야만인들의 집요한 증오심까지도 여지없이 굴복시키는 강력한 대포이다. 부르주아지는 절멸당하고 싶지 않으면 자신들의 생산양식을 받아들이라고 모든 민족에게 강요한다. 소위 문명을 사회의 한가운데로 도입하라고, 즉 부르주아지가 되라고 강요하는 것이다. 한마디로 부르주아지는 자신의 형상에 따라 하나의 세계를 창조하고 있다.

부르주아지는 농촌을 도시의 지배에 종속시켰다. 거대한 도시들을 만들고 농촌 인구에 비교가 되지 않을 정도로 도시 인구를 어마어마하게 증가시킴으로써 부르주아지는 인구의 상당 부분을 농촌 생활의 우매함에서 건져냈다. 또한 농촌을 도시에 종속시킨 것과 마찬가지로 야만적이고 반(半)야만적인 나라들을 문명국에, 농업 민족을 부르주아 민족에, 동양을 서양에 종속시켰다.

부르주아지는 인구와 생산수단과 재산의 분산 상태를 점점 소멸시킨다. 부르주아지는 인구를 밀집시키고 생산수단을 한 곳으로 모으고 재산을 소수의 수중에 집중시켰다. 정치적 중앙집권화는 이로 인한 필연적인 결과이다. 서로 다른 이해관계와 상이한 법률, 정부, 세제를 가진 채 독립되어 있거나 느슨하게 연결되어 있던 지방들이 합쳐져 하나의 국민, 하나의 정부, 하나의 법률, 하나의 국민적 계급 이해, 하나의 국경, 하나의 관세 구역이 되었다.

부르주아지는 백 년도 채 못 되는 지배 기간에 과거의 모든 세대가 만들어낸 것을 다 합한 것보다 더 엄청나고 더 거대한 생산력을 만들어냈다. 자연력의 정복, 기계 장치, 산업과 농업 분야의 화학 응용, 기선, 철도, 전신, 세계 각지의 개간, 운하 건설, 마치 땅에서 솟아난 듯한 폭발적인 인구 증가——이런 생산력이 사회적 노동의 품에서 잠자고 있었다는 사실을 앞선 어느 세기가 예감이나 했겠는가?

우리는 이제 알게 되었다. 부르주아지를 양성한 토대인 생산수단과 교환수단은 봉건사회 안에서 생성되었다. 이 생산 및 교환수단이 어느 일정한 발전 단계에 이르자, 봉건사회에서 생산과 교환이 이루어지는 조건, 즉 봉건적인 농업 및 제조업 조직, 한마디로 말해 봉건적인 소유관계가 이미 발전한 생산력과 더는 양립할 수 없게 되었다. 생산력을 가로막는 무수한 족쇄들이 되어 버린 것이다. 이러한 족쇄들은 깨뜨려져야 했고, 깨뜨려지고 말았다.

그 대신 자유 경쟁과 이에 걸맞은 사회제도와 정치제도 및 부르주아 계급의 경제적 · 정치적 지배가 들어섰다.

우리 눈앞에서 이와 비슷한 운동이 펼쳐지고 있다. 부르주아적 생산관계와 교환관계, 부르주아적 소유관계로 이루어진 현대 부르주아 사회는 마술이라도 부린 듯이 그토록 엄청난 생산 및 교환수단을 만들어 냈지만, 자기가 주문으로 일깨운 지하 세계의 힘을 제어할 수 없게 된 마법사와 같다. 지난 수십 년 동안 산업과 상업의 역사는 현대적 생산력이 현대의 생산관계, 즉 부르주아 및 그들의 지배의 존립 조건인 소유관계에 맞서 저항한 역사이다. 이에 대해서는 주기적으로 되풀이되면서 점점 더 위협적으로 부르주아 사회 전체의 존립을 뒤흔드는 상업 공황을 언급하는 것으로 충분할 것이다. 상업 공황이 오면 기존 생산물의 상당 부분이 파괴될 뿐만 아니라 이미 창출된 생산력까지도 주기적으로 파괴된다. 공황에 처하면 이전의 모든 시대의 관점에서 볼 때 불합리한 일로 보였을 법한 전염병, 즉 과잉생산이라는 전염병이 발생한다. 사회는 갑자기 일순간 야만 상태로 돌아가 마치 기근이나 전면적인 파괴전쟁이 모든 생계수단을 차단한 것처럼 보인다. 산업과 상업 역시 완전히 무너져 버린 것처럼 보인다. 무슨 까닭인가? 너무 많은 문명, 너무 많은 생활수단, 너무 많은 산업, 너무 많은 상업이 존재하기 때문이다. 사회가 가지고 있는 생산력은 이제 더는 부르주아적 소유관계의 발전에 이바지하지 않는다. 오히려 생산력은 소유관계가 감당하지 못할 만큼 강력해져서 결국 이 관계 자체가 족쇄가 되며, 생산력은 이 족쇄를 깨뜨림과 동시에 전체 부르주아 사회를 혼란에 빠뜨리며 부르주아적 소유의 존립을 위태롭게 한다. 부르주아 사회의 관계들은 자기가 생산한 부를 수용하기에 너무 협소해졌다. 부르주아지는 이 위기를 어떻게 극복하는 가? 한편으로는 거대한 생산력을 어쩔 수 없이 파괴함으로써, 다른 한편으로는 새로운 시장을 정복하고 기존의 시장을 좀더 철저하게 착취함으로써. 다시 말해 더욱 전면적이고 더욱 파괴적인 공황이 도래할 길을 닦고 공황을 예방하기 위한 수단을 감소시킴으로써 공황을 극복한다.

부르주아지가 봉건제를 무너뜨릴 때 사용했던 무기가 이제 부르주아지 자신을 겨누게 된다.

그러나 부르주아지는 자신에게 죽음을 가져올 무기만을 벼려낸 것이 아니라, 이 무기를 자신에게 휘두를 사람들, 즉 현대의 노동계급인 프롤레타리아트까지도 낳았다.

부르주아지, 즉 자본이 발전하는 정도에 비례하여 프롤레타리아트, 즉 현대의 노동계급도 발전한다——일자리를 찾는 한에서만 살아남으며 자신의 노동으로 자본을 증식시키는 한에서만 일자리를 찾을 수 있는 노동계급 말이다. 자신을 토막내어 팔지 않으면 안 되는 이 노동자들은 다른 모든 상품과 똑같은 하나의 상품이며, 따라서 마찬가지로 경쟁의 모든 부침(浮沈), 시장의 모든 변동에 내맡겨져 있다.

기계의 광범위한 활용과 분업으로 말미암아 프롤레타리아트의 노동은 자립성을 모두 상실했고 따라서 노동자가 누릴 수 있는 온갖 매력을 상실했다. 노동자는 이제 기계의 단순한 부품이 되었으니, 이 부품에게 요구되는 것은 가장 단순하고 단조로우며 배우기 쉬운 동작뿐이다. 그러므로 노동자 한 명을 생산하는 비용은 그 자신의 생계와 종족 번식에 필요한 생활수단으로만 거의 제한된다. 그런데 한 상품의 가격은 그 생산비용과 같으며, 따라서 노동의 가격도 그것의 생산비용과 같다. 그러므로 노동의 지겨움이 심해지면 심해질수록 그만큼 임금은 줄어든다. 나아가 기계의 사용과 분업이 증대하면 할수록, 노동 시간의 연장을 통해서든, 주어진 시간에 강요되는 노동량의 증대를 통해서든, 빨라진 기계 운전 속도를 통해서든, 그만큼 노동의 고통 또한 증대된다.

현대 산업은 가부장적인 장인의 조그만 작업장을 산업자본가의 거대한 공장으로 바꿔 놓았다. 공장에 밀집한 노동자 대중은 군대식으로 편성된다. 산업 군대의 사병인 노동자들은 장교와 하사관들로 이루어진 완벽한 위계질서의 감시 아래 놓인다. 노동자들은 부르주아 계급, 부르주아 국가의 노예일 뿐만 아니라, 매일 매시간 기계와 감독자, 그리고 무엇보다도 자기가 일하는 공장을 운영하는 부르주아 공장주의 노예로 살아간다. 이러한 전제정(專制政)이 자신의 목표와 목적이 영리에 있음을 공공연하게 선언하면 할수록, 그 모습은 더욱더 인색하고 혐오스럽고 잔인하게 된다.

육체노동에 필요한 숙련성과 힘이 줄어들수록, 즉 현대 산업이 발전할수록, 남성노동은 여성노동에 밀려난다. 이제 성별과 연령 차이는 노동계급에게 별 사회적 효력도 발휘하지 못한다. 나이와 성에 따라 드는 비용이 다소 다를 뿐, 모두 똑같은 노동의 도구가 되는 것이다.

노동자가 현찰로 임금을 지불받는 것으로 노동자에 대한 공장주의 착취가 마무리되면, 곧바로 부르주아지의 다른 집단들, 집주인, 상점주, 전당포 업자 등이 노동자에게 달려든다.

소기업가와 상점주, 은퇴한 소매상, 수공업자와 농민 등으로 이루어진 하층 중간계급은 모두 프롤레타리아트로 전락해간다. 한편으로는 영세한 자본으로 현대 산업의 경영 규모를 따라잡지 못해 대자본가와의 경쟁에서 압도당하기 때문이며, 다른 한편으로는 새로운 생산방식의 등장으로 그들의 전문 기술이 쓸모 없게 되어 버리기 때문이다. 이리하여 프롤레타리아트는 모든 계급의 주민들로 충원된다.

프롤레타리아트는 여러 발전 단계를 거친다. 그들은 탄생과 동시에 부르주아지에 대항하는 투쟁을 시작한다. 처음에는 개별 노동자가, 다음에는 한 공장의 노동자들이, 그 다음에는 한 지역에 있는 같은 직종 노동자들이 자신들을 직접 착취하는 부르주아 개개인에 대항하여 투쟁한다. 노동자들은 부르주아적 생산관계를 공격하는 게 아니라 생산도구 자체를 공격하며, 경쟁하는 외국 상품들을 파괴하고 기계를 박살내며 공장에 불을 지르고 몰락한 중세 노동자의 지위를 되찾으려 애쓴다.

이 단계의 노동자들은 전국에 뿔뿔이 흩어진 채 상호 경쟁으로 갈라진, 분열된 대중에 지나지 않는다. 설혹 노동자들이 긴밀한 결속을 이룬다 하더라도, 그것은 스스로 적극적인 단결을 이룬 결과가 아니라, 자기들 나름의 정치적 목적을 달성하기 위해 전체 프롤레타리아트를 동원하지 않을 수 없으며 아울러 당분간은 그렇게 할 수 있는 능력이 있는 부르주아지가 단결한 결과이다. 따라서 이 단계에서 프롤레타리아트는 자신의 적과 싸우는 것이 아니라 자신의 적의 적, 즉 절대군주제의 잔재인 지주, 비(非)산업 부르주아지, 소부르주아지와 싸운다. 그리하여 역사의 운동 전체가 부르주아지의 손에 집중되고, 이렇게 얻어진 모든 승리는 부르주아지의 승리가 된다.

그렇지만 산업의 발전과 더불어 프롤레타리아트가 수적으로만 증가하는 것은 아니다. 프롤레타리아트는 더욱더 거대한 대중으로 한데

뭉치고, 힘을 키우며, 점차 자신의 힘을 자각하게 된다. 기계가 서로 다른 노동의 차이를 없애 버리고, 거의 모든 곳에서 임금을 똑같이 낮은 수준으로 떨어뜨리면서, 프롤레타리아트 대오 내부의 갖가지 이해관계와 생활상태는 그만큼 더 같아진다. 부르주아지의 상호 경쟁이 심해지고 그로 말미암아 상업 공황이 발생하면서 노동자의 임금은 더욱 불안정하게 된다. 기계가 점점 개선되고 급속한 발전을 거듭하면서 노동자들의 삶은 더욱더 불확실하게 되며, 개별 노동자와 개별 부르주아 사이의 충돌은 점점 더 두 계급 사이의 충돌이라는 성격을 띠게 된다. 이에 따라 노동자들은 부르주아지에 대항하여 결사체(노동조합)를 조직하기 시작하고, 임금 수준을 유지하기 위해 서로 협력하며, 장차 일어날 봉기에 대비하기 위해 상설 연합체를 건설한다. 곳곳에서 투쟁이 폭동으로 번지기 시작한다.

이따금 노동자들이 승리하기도 하지만, 잠시 승리한 것에 지나지 않는다. 투쟁의 진정한 결실은 직접적인 성과에 있는 것이 아니라 노동자들의 단결이 끊임없이 확대되는 데 있다. 현대 산업이 만들어낸 개선된 교통수단은 각지의 노동자들을 서로 연결시켜 줌으로써 노동자들의 단결을 돕는다. 이러한 연결이 이루어지기만 하면, 어디서나 동일한 성격을 띠는 수많은 지역적 투쟁이 하나의 전국적 계급투쟁으로 집중된다. 그런데 모든 계급투쟁은 정치투쟁이다. 중세의 도시민들이 보잘것없는 도로망으로 수백 년에 걸쳐 이룩한 단결을 현대의 프롤레타리아트는 철도 덕분에 불과 몇 년 만에 이루어낸 것이다.

프롤레타리아트가 이처럼 하나의 계급으로, 나아가 하나의 정당으로 조직되는 일은 노동자들 사이에서 일어나는 경쟁으로 말미암아 끊임없이 파괴된다. 그러나 이 조직은 더욱 강하고 더욱 견고하며 더욱 강력한 형태로 매번 다시 일어선다. 프롤레타리아트의 조직은 부르주아지 내부의 분열을 이용하여 노동자들의 개별적 이해관계를 법의 형태로 인정하도록 강제한다. 이렇게 하여 영국에서 10시간 노동법이 탄생했다.

낡은 사회 내부에서 계급들간에 벌어지는 충돌은 여러 면에서 프롤레타리아트의 발전 과정을 촉진시킨다. 부르주아지는 끊임없이 투쟁한다. 처음에는 귀족 계급과, 나중에는 산업의 진보에 대립하는 이해관계를 가진 다른 집단의 부르주아지와. 그리고 외국 부르주아지 전체에 대해서는 항상. 이 모든 투쟁에서 부르주아지는 프롤레타리아트에게 호소하고 지원을 요청하며, 그리하여 그들을 정치투쟁의 장으로 끌어들일 수밖에 없다는 사실을 알게 된다. 결국 부르주아지 스스로 자신들이 습득한 정치적·일반적 교양의 요소들, 즉 부르주아지 자신에 대항할 무기를 프롤레타리아트에게 제공하는 것이다.

더 나아가, 이제까지 살펴보았듯이 산업의 진보로 말미암아 지배계급의 대다수 구성원들은 프롤레타리아 계급으로 추락하거나, 적어도 자신들의 존립조건을 위협받게 된다. 이들 역시 프롤레타리아트에게 계몽과 진보의 신선한 요소를 제공한다.

마침내 계급투쟁이 결전의 시기에 가까워지면 지배계급 내부에서, 아니 실은 낡은 사회 전체 안에서 전개되던 해체 과정이 매우 격렬하고 날카로운 양상을 띠기 때문에 지배계급의 일부가 떨어져 나와 혁명계급, 즉 미래를 손에 쥔 계급의 대열에 합류한다. 그리하여 과거에 귀족의 일부가 부르주아지로 넘어갔듯이, 이제 부르주아지의 일부가, 특히 힘겹게 노력하여 역사의 운동 전반을 이론적으로 이해하기에 이른 부르주아 이데올로기 이론가 일부가 프롤레타리아트로 넘어오게 된다.

오늘날 부르주아지와 대립하는 모든 계급 가운데 오직 프롤레타리아트만이 진정 혁명적인 계급이다. 나머지 계급들은 현대 산업과 함께 쇠퇴하고 몰락하지만, 프롤레타리아트는 현대 산업 자체가 낳은 고유한 계급이다.

소규모 공장주, 소상인, 수공업자, 농민 등의 하층 중간계급은 모두 중간계급의 우수리라는 자신의 존재를 파멸에서 구출하기 위해 부르주아지에 맞서 싸운다. 따라서 이들은 혁명적이지 않고 보수적이다. 아니 오히려 반동적이기까지 한데, 역사의 수레바퀴를 뒤로 돌리려고 하기 때문이다. 만일 이들이 혁명적인 태도를 취한다면, 그것은 자신들이 프롤레타리아트로 전락하는 것이 임박했음을 스스로 목도하는 경우뿐이다. 오직 이런 상황에서만 이들은 현재의 이익이 아니라 미래의 이익을 옹호하며, 자신의 입장을 버리고 프롤레타리아트의 입장에 선다.

낡은 사회의 맨 밑바닥에 내던져져 무기력하게 썩어 가는 대중, 다시 말해 사회의 쓰레기나 다름없는 '위험한 계급'은 간혹 프롤레타리아트의 혁명으로 인해 운동에 휘말리는 경우도 있지만, 자신의 생활 처지에 따라 반동적인 음모의 도구로 매수되는 경우가 훨씬 더 많다.

낡은 사회의 생활조건은 프롤레타리아트의 생활조건 속에서 이미 씨가 말라 버렸다. 프롤레타리아트에게는 재산이 없다. 처자식과의 관계도 부르주아적 가족관계와는 별 공통점이 없다. 영국, 프랑스, 미국, 독일 등 어디서나 가릴 것 없이 똑같은 형태로 나타나는 현대적 산업노동, 자본에 대한 현대적인 예속은 프롤레타리아트로부터 일체의 민족적 성격을 앗아가 버린다. 프롤레타리아트에게 법률, 도덕, 종교 등은 부르주아적 편견에 지나지 않으며, 그 배후에는 그만큼 많은 갖가지 부르주아적 이해관계가 감춰져 있을 뿐이다.

이전의 모든 지배계급들은 지배권을 장악한 뒤, 생산물을 자기 것으로 취득하기 위한 조건에 사회 전체를 종속시킴으로써 이미 획득한 자신의 지위를 다지려 했다. 반면 프롤레타리아트는 자기 자신이 속해 있던 기존의 소유권 획득 양식을 폐지하고, 나아가 지금까지 존재한 다른 모든 소유권 획득 양식을 폐지하지 않고서는 사회적 생산력을 장악할 수 없다. 프롤레타리아트는 자기 것으로 보호하고 강화할 만한 게 아무것도 없으며, 그들의 사명은 지금까지 사적 소유를 보호하고 보장해 온 일체의 장치를 파괴하는 데 있다.

이제까지의 모든 운동은 소수의 운동이었거나 소수의 이해관계를 위한 운동이었다. 프롤레타리아트의 운동은 압도적 다수의 이해관계를 위한 압도적 다수의 자의식적이고 독립적인 운동이다. 오늘날의 사회에서 최하층을 이루는 프롤레타리아트는 공적 사회를 구성하고 있는 상층의 구조 전체를 허공으로 날려버리지 않고서는 일어설 수도, 허리를 펼 수도 없다.

내용상으로는 그렇지 않더라도 형식상으로는 부르주아지에 대한 프롤레타리아트의 투쟁은 처음에는 일국적인 투쟁이다. 각국의 프롤레타리아트는 당연히 먼저 자기 나라 부르주아지를 끝장내야 한다.

우리는 프롤레타리아트의 발전을 가장 일반적인 단계들로 그려보면서, 기존 사회 내부에서 다소 은밀한 형태로 전개되던 내전이 공공연한 혁명으로 분출하고 부르주아지를 폭력적으로 타도함으로써 프롤레타리아트 지배의 토대를 놓는 지점까지 추적해 보았다.

앞서 본 것처럼, 이제까지의 모든 사회는 억압 계급과 피억압 계급의 적대관계에 근거를 두었다. 그렇지만 한 계급을 억압하려면, 억압당하는 계급이 최소한의 노예적 생존이라도 유지할 만큼의 조건을 보장해주어야 한다. 농노제 시대에 농노는 자치도시 코뮌의 일원으로 어렵사리 올라섰고, 이와 마찬가지로 소부르주아지는 봉건적 절대왕정의 억압아래에서 가까스로 부르주아지가 되었다. 이에 반해 현대의 노동자는 산업의 진보와 더불어 올라서는 것이 아니라 자기 계급의 생존 조건 아래로 점점 더 깊이 가라앉고 있다. 노동자는 빈민이 되고, 빈민의 수는인구와 부의 증가보다 훨씬 더 빠르게 늘어난다. 이제 부르주아지는 사회의 지배계급 자리를 유지하기에 적합하지 않으며 그들 계급의 존립조건을 최우선적인 법률로 사회에 강제할 수 없다는 점이 명백해진다. 부르주아지가 사회를 지배할 적임자가 아닌 이유는 자신의 노예들에게노예적 생활조차 보장할 능력이 없기 때문이며, 노예들로부터 부양을받기는커녕 오히려 노예들을 부양해 주어야 할 만큼 그들을 비참한 처지로 몰아가지 않을 수 없기 때문이다. 이제 사회는 부르주아지의 지배아래 살아갈 수 없다. 간단히 말해서 부르주아지의 존재는 이제 사회와양립할 수 없다.

부르주아지가 존립하고 지배하기 위한 가장 본질적인 조건은 자본의 형성과 증식이며, 자본의 조건은 임금노동이다. 임금노동은 오로지노동자들 상호간의 경쟁 위에서만 유지된다. 부르주아지가 싫든 좋든촉진시키지 않을 수 없는 산업의 진보는 경쟁을 통해 노동자들을 고립시키는 대신 연합을 통해 그들을 혁명적으로 단결시킨다. 이리하여 현대 산업의 발전과 더불어 부르주아지가 생산물을 생산하고 취득하는 토대 자체가 부르주아지의 발 밑에서 무너져 내린다. 부르주아지는 무엇보다 자기 자신의 무덤을 파는 일꾼들을 만들어낸 셈이다. 부르주아지의 몰락과 프롤레타리아트의 승리는 둘 다 피할 수 없는 길이다.

II. 프롤레타리아트와 공산주의자들

공산주의자들은 프롤레타리아트 전체와 어떤 관계에 있는가? 공산주의자들은 다른 노동자 정당들과 대립하는 별도의 당을 결성하지 않는다.

공산주의자들은 프롤레타리아트 전체의 이해관계와 동떨어진 독자적인 이해를 갖지 않는다.

공산주의자들은 자신만의 종파적인 원칙을 세우고 이에 따라 프롤레타리아트의 운동을 짜맞추려 하지 않는다.

공산주의자들은 오직 다음과 같은 점에 의해서만 다른 노동계급 정당과 구별된다.

(1) 공산주의자들은 각국에서 진행되는 프롤레타리아트의 투쟁에서 국적에 상관없이 프롤레타리아트 전체의 공동 이해를 제기하고 전면에 내세운다.

(2) 공산주의자들은 노동계급과 부르주아지 사이의 투쟁이 여러 발전 단계를 거치는 동안 언제 어디서나 전체 운동의 이해를 대변한다.

그러므로 공산주의자들은 실천적인 측면에서 볼 때 모든 나라 노동계급 정당 가운데 가장 선진적이고 단호한 부분으로서 다른 모든 정당을 앞으로 밀고 나아가며, 이론적인 측면에서 볼 때 거대한 프롤레타리아 대중에 비해 프롤레타리아트 운동의 진행 경로와 조건 및 궁극적이고 전반적인 결과를 명료하게 인식한다.

공산주의자들의 당면 목적은 다른 모든 프롤레타리아 정당과 마찬가지로 프롤레타리아트를 하나의 계급으로 형성시키고, 부르주아 지배를 타도하며, 프롤레타리아트가 정치권력을 장악하도록 하는 데 있다.

공산주의자들의 이론적 명제들은 이런저런 자칭 세계 개혁가가 고안하거나 발견한 원칙이나 이념에 의거하지 않는다.

그 명제들은 다만 현존하는 계급투쟁에서, 즉 우리의 눈앞에서 진행되는 역사 운동에서 생겨난 현실적인 관계들을 일반적인 용어로 표현한 것에 지나지 않는다. 이제까지의 소유관계를 폐지하는 것이 공산주의만의 고유한 특징은 아니다.

과거의 모든 소유관계는 역사적 조건의 변천에 기인하는 끊임없는 역사적 변화를 겪어 왔다.

예를 들자면 프랑스혁명은 부르주아적 소유를 위해 봉건적 소유를 폐지했다.

공산주의를 특징짓는 것은 소유 일반의 폐지가 아니라 부르주아적 소유의 폐지이다. 그런데 현대의 부르주아적 사적 소유는 계급 대립, 즉 소수에 의한 다수의 착취에 기반을 둔 생산물의 생산 및 점유 형태 가운데 최종적이고도 가장 완전한 표현이다.

이러한 의미에서 공산주의자들의 이론은 '사적 소유의 폐지'라는 한 마디의 말로 요약할 수 있다.

사람들은 우리 공산주의자들이 각자가 자신의 노동의 결실로서 개인적으로 취득한 소유, 다시 말해 온갖 개인적인 자유와 활동과 자립의 토대가 되는 소유의 권리를 폐지하려 한다고 비난한다.

힘들게 일해 혼자 힘으로 얻은 스스로 번 소유라니! 부르주아적 소유 이전에 있었던 소규모 장인의 소유나 소농민의 소유를 말하는 것인가? 그런 소유라면 폐지할 필요가 전혀 없다. 산업의 발전으로 이미 상당 부분 폐지되었고 또 지금도 나날이 폐지되고 있기 때문이다.

아니면 현대 부르주아지의 사적 소유를 말하는 것인가?

그런데 임금노동이 노동자에게 소유를 가져다 주는가? 결코 그렇지 않다. 임금노동이 만들어내는 것은 자본, 즉 임금노동을 착취하는 소유이자 새로운 임금노동을 산출하여 다시 또 착취하는 조건 아래서만 증식되는 소유인 자본이다. 현재 형태의 소유는 자본과 임금노동의 적대에 기초를 둔다. 이 적대의 양 측면을 고찰해 보자.

자본가가 된다는 것은 생산 속에서 단순히 개인적인 지위뿐만 아니라 사회적인 지위까지 차지한다는 것을 의미한다. 자본은 공동체의 산물로서 오로지 많은 구성원의 공동 활동을 통해서만, 궁극적으로는 사회 성원 전체의 공동 활동을 통해서만 비로소 가동될 수 있다.

이와 같이 자본은 개인적인 힘이 아니라 사회적인 힘이다.

그러므로 자본이 공동의 소유, 다시 말해 사회 성원 전체에 속하는 소유로 변한다 하더라도 개인적 소유가 사회적 소유로 변하는 것은 아니다. 단지 소유의 사회적 성격이 변할 뿐이다. 소유가 계급적 성격을 상실하는 것이다.

이제 임금노동을 살펴보자.

임금노동의 평균 가격은 최저 임금, 즉 노동자가 노동자로서 겨우 살아가는 데 절대적으로 필요한 생활수단의 총계이다. 따라서 임금노동자가 자신의 노동으로 얻는 것은 고작 자신의 생존을 연장하고 재생산하는 데 족할 뿐이다. 우리는 이와 같은 노동 생산물의 개인적인 취득,

즉 인간의 생활을 유지하고 재생산하기 위해 이루어지는 것이자 타인의 노동을 지배할 수 있게 해주는 잉여를 전혀 남기지 않는 취득을 폐지하려는 것이 결코 아니다. 우리는 다만 이러한 취득의 비참한 성격, 다시 말해 노동자들이 자본을 증식시키기 위해서만 살 뿐이며 지배계급의 이익이 요구하는 한에서만 목숨을 이어갈 수 있는 현실 상황의 비참한 성격을 없애고자 하는 것이다.

부르주아 사회에서 살아 있는 노동은 축적된 노동을 증식시키는 수단일 뿐이다. 반면 공산주의 사회에서 축적된 노동은 노동자의 삶을 확장시키고 풍요롭게 하며 장려하는 수단일 뿐이다.

따라서 부르주아 사회에서는 과거가 현재를 지배하나, 공산주의 사회에서는 현재가 과거를 지배한다. 부르주아 사회에서 자본은 독립적이고 개성적인 반면, 살아 있는 인간은 의존적이고 비개성적이다.

그런데 부르주아지는 이러한 상태의 폐지를 개성과 자유의 폐지라고 부른다! 사실 그렇다. 부르주아적 개성, 부르주아적 독립성, 부르주아적 자유의 폐지가 문제가 되는 것은 분명하니 말이다.

오늘날의 부르주아적 생산관계 아래에서 자유란 거래의 자유, 판매와 구매의 자유를 의미한다.

그런데 매매가 없어지면 매매의 자유도 없어지는 법이다. 매매의 자유에 관한 이야기는 우리의 부르주아지가 자유에 대해 떠들고 있는 다른 모든 '호언장담'과 마찬가지로, 매매가 규제를 받던 중세시대의 예속된 상인들에게나 의미를 가질 뿐, 공산주의가 거래를 폐지하고 부르주아적 생산관계와 부르주아지 자체를 폐지하는 것에 비하면 아무런 의미도 없다.

당신들은 우리가 사적 소유를 청산하려 한다고 경악한다. 그러나 오늘날 당신들의 사회에서 사적 소유는 사회 성원의 10분의 9에게 이미 폐지되었다. 소수에게 사적 소유가 존재하는 것은 오로지 나머지 10분의 9에게 사적 소유가 존재하지 않기 때문이다. 결국 당신들은 사회의 압도적 다수가 아무것도 소유하지 못하는 것을 필수조건으로 하는 소유 형태를 폐지하려 한다고 우리를 비난하는 셈이다.

한마디로 당신들은 우리가 당신들의 소유를 폐지하려 한다고 비난하는 것이다. 바로 그렇다. 우리가 원하는 게 정확히 그것이다.

노동이 더 이상 자본이나 화폐, 지대, 즉 독점할 수 있는 사회적 힘으로 전환될 수 없는 순간부터, 다시 말해 개인적 소유가 부르주아적 소유, 즉 자본으로 전화할 수 없는 순간부터, 바로 그 순간부터 당신들은 인격이 사라진다고 말한다.

따라서 당신들은 부르주아지, 즉 중간계급 재산 소유자 외에는 그 누구에 대해서도 '인격'을 인정하지 않는다고 자백하는 셈이다. 그렇다면 이러한 인격은 마땅히 폐지되고 불가능하게 되어야 한다.

공산주의는 어떤 사람에게서도 사회의 생산물을 취득할 힘을 박탈하지 않으며, 다만 이러한 취득을 통해 타인의 노동을 자신에게 예속시킬 수 있는 힘을 박탈할 뿐이다.

사적 소유를 폐지하면 그 순간부터 일체의 활동이 중단되고 사회 전반에 게으름이 만연할 것이라는 비난이 있다.

그렇다고 한다면 부르주아 사회는 이미 오래 전에 나태함 때문에 몰락했어야만 할 것이다. 왜냐하면 이 사회에서는 일하는 사람들은 아무것도 얻지 못하고, 무엇인가 얻는 사람들은 노동하지 않기 때문이다.

모든 우려는 결국 자본이 없어지면 임금노동도 없어진다는 동어반복으로 귀결된다.

물질적 생산물의 공산주의적 취득 및 생산양식을 향해 쏟아지는 모든 비난은 정신적 생산물의 공산주의적 취득 및 생산양식에도 그대로 퍼부어진다. 부르주아지에게는 계급적 소유의 폐지가 생산 그 자체의 폐지처럼 보이듯이, 계급적 문화의 폐지 또한 문화 일반의 폐지와 동일하게 여겨진다.

부르주아지가 애통한 어조로 떠나보내는 그 문화란 엄청난 수의 사람들에게는 기계로 양성되는 것에 지나지 않는다.

그러니 자유니 문화니 법이니 뭐니 하는 당신들의 부르주아적 통념을 잣대로 부르주아적 소유의 폐지에 대해 왈가왈부하려거든 우리와 논쟁할 생각을 말라. 당신들의 법이란 것이 실상은 당신들의 계급의지, 즉 당신네 계급이 존재하기 위한 경제적 조건들에 의해 그 본질적 성격과 방향이 규정되는 의지를 만인을 위한 법인 양 법제화한 것에 지나지 않듯이, 당신들의 사상도 부르주아적 생산관계와 부르주아적 소유관계의 부산물에 불과하지 않은가.

당신들은 이기적인 편견에 사로잡힌 나머지 오늘날 당신들의 생산양식 및 소유형태가 생산의 발전 과정에서 거쳐가는 일시적이고 역사적인 것이 아니라 마치 자연 및 이성의 영원한 법칙인 것처럼 가장하고 있는데, 이 점에서 보자면 당신들은 과거의 모든 지배계급과 똑같다. 고대의 소유나 봉건적 소유에 대해서 당신네 스스로가 분명하게 알고 있는 사실을 당신들 자신의 부르주아적 소유에 대해 적용하려 하면 왜 아무것도 모른다고 발뺌하는 것인가.

가족의 폐지라니! 가장 급진적인 사람들조차 공산주의자들의 이 파렴치한 제안에 대해서는 격분을 금치 못한다.

오늘날의 가족, 부르주아 가족은 어디에 근거를 두고 있는가? 자본에, 사적 영리에. 완전하게 발전된 형태의 가족은 오직 부르주아지에게만 존재한다. 하지만 이러한 현상은 프롤레타리아 가족의 실질적 부재와 공창(公娼)에서 그 보완물을 찾는다.

부르주아 가족은 이러한 보완물이 사라지면 당연히 함께 사라지며, 또 양자는 자본의 소멸과 함께 사라진다.

당신들은 부모가 자식을 착취하지 못하게 막으려 한다고 우리를 비난하는가? 이게 죄라면 기꺼이 유죄를 인정하마.

그런데 당신들은 우리가 가정교육을 사회교육으로 바꿔 놓으면서 가장 신성한 관계를 파괴한다고 주장한다.

그러면 당신들의 교육은 어떠한가? 당신들의 교육은 사회적이지 않으며, 학교나 여타 다른 매개를 통해 직·간접적 간섭을 받으면서 사회적 조건에 의해 규정받지 않는단 말인가? 공산주의자들이 교육에 대한 사회의 개입을 창안한 것은 아니며, 다만 그 개입의 성격을 변화시켜 교육을 지배계급의 영향으로부터 벗어나게 하려고 노력할 뿐이다.

현대 산업으로 인해 프롤레타리아트의 가족적 유대가 모두 끊어지고 아이들이 단순히 상품이나 노동 도구로 전환될수록, 가족과 교육, 부모와 자식 간의 신성한 관계에 관한 부르주아지의 입에 발린 이야기는 더욱더 역겨운 것이 된다.

그런데 당신네 공산주의자들은 부인 공유제를 도입하려 하는 것이 아니냐고 부르주아지 전체가 입을 모아 비명을 지른다.

부르주아지는 자기 부인을 단순한 생산도구로밖에 보지 못한다. 그래서 생산도구를 공동으로 이용해야 한다는 말을 들으면 자연스럽게 여성들도 만인의 공유물이 되는 똑같은 운명에 처하게 될 것이라고 결론 내릴 수밖에 없다.

한낱 생산도구에 불과한 여성의 지위를 타파하는 것이야말로 우리 공산주의자들이 지향하는 바라는 사실을 부르주아지는 전혀 알아채지 못한다.

더군다나 우리의 부르주아지는 공산주의자들이 공개적이고 공식적으로 부인 공유제를 도입하려 한다면서 고결한 도덕심에서 경악을 금치 못하는데, 사실 이보다 더 우스운 짓거리도 없다. 공산주의자들은 부인 공유제를 도입할 필요가 없다. 부인 공유제는 태곳적부터 존재해 왔으니 말이다.

우리의 부르주아지는 공식적인 매춘은 말할 필요도 없거니와, 프롤레타리아트의 부인과 딸들을 마음대로 농락하는 것으로도 만족하지 못하여 자기 부인들을 서로 유혹하는 것을 주된 쾌락으로 삼고 있다.

부르주아적 결혼은 사실상 부인을 공유하는 제도이며, 따라서 부르주아지는 기껏해야 공산주의자들이 위선적으로 은폐된 부인 공유제 대신 공개적으로 합법화된 부인 공유제를 도입하려 한다고 비난할 수 있을 뿐이다. 그러나 그건 그렇다 치고 현재의 생산관계가 철폐되면 그 생산관계에서 비롯된 부인 공유제, 즉 공식적·비공식적인 매춘도 사라질 것은 분명한 사실이다.

그 다음으로 공산주의자들은 조국과 국적을 없애려 한다는 비난을 받고 있다.

노동자에게는 조국이 없다. 어떻게 가지고 있지도 않은 것을 빼앗는단 말인가. 하지만 프롤레타리아트는 우선 정치적 지배권을 장악하고, 국가를 이끄는 계급으로 올라서고, 스스로를 국민으로 정립해야 하기에, 비록 부르주아지가 생각하는 의미에서는 아닐지라도 아직은 그 자신이 민족적이다.

1848년 출간된 독일어판 『선언』. 『선언』은 그것이 출간된 해에 벌어진 혁명적 사건들에는 거의 영향을 미치지 못했으나 곧 다른 여러 나라 언어로 번역되게 된다.

민족들이 국가로 분리되어 대립하는 현상은 이미 부르주아지의 성장과 함께, 상업의 자유, 세계 시장과 함께 그리고 생산양식 및 이에 상응하는 생활조건의 획일성과 함께 나날이 사라져 가고 있다.

프롤레타리아트의 지배는 이런 분리와 대립을 한층 더 빨리 사라지게 만들 것이다. 적어도 주요 문명국들의 단합된 행동은 프롤레타리아트 해방의 첫째 조건 가운데 하나이다.

한 개인에 의한 다른 개인의 착취가 폐지되는 정도에 따라 한 민족에 의한 다른 민족의 착취도 폐지될 것이다. 민족 내부의 계급 대립이 소멸됨에 따라 민족 상호간의 적대적 관계도 종언을 고하게 될 것이다.

종교, 철학, 그리고 일반적으로 이데올로기적인 관점에서 제기되는 공산주의에 대한 비난은 진지하게 검토할 가치가 없다.

인간의 물질적 생활조건 및 사회적 관계, 사회적 생활과 더불어 인간의 관념, 견해, 개념, 한마디로 인간의 의식 또한 변화한다는 사실을 파악하는 데 더 깊은 통찰이 필요하단 말인가?

사상의 역사는 정신적 생산이 물질적 생산과 더불어 그 성격이 변화한다는 것 외에 달리 무엇을 증명하고 있단 말인가? 한 시대의 지배적 사상은 늘 지배계급의 사상이었을 뿐이다.

사람들이 전체 사회를 혁명적으로 변화시키는 사상을 말할 때, 그것은 단지 낡은 사회 내부에서 새로운 사회의 요소들이 형성되었으며, 낡은 생활조건들이 와해됨에 따라 낡은 사상도 와해되고 있다는 사실을 말하는 데 지나지 않는다.

고대 세계가 막 몰락하려 할 당시, 고대의 종교들은 기독교에 정복당했다. 지난 18세기에 기독교 사상이 합리주의 사상에 굴복했을 때, 봉건사회는 당시만 해도 혁명적이었던 부르주아지와 생사를 건 한판 싸움을 벌였다. 종교의 자유, 양심의 자유라는 이념은 단지 지식의 영역에서도 자유경쟁이 지배한다는 사실을 표현하는 데 지나지 않는다.

사람들은 이렇게 말할 것이다. "종교, 도덕, 철학, 법률 등의 사상이 역사의 발전 과정 속에서 부단히 변천해 온 것은 의심의 여지가 없다. 그렇지만 종교, 도덕, 철학, 정치학, 법률 등은 이러한 변천 속에서도 항상 유지되었다."

"뿐만 아니라 세상에는 자유, 정의와 같이 모든 사회에 공통된 영원한 진리가 있다. 그러나 공산주의는 영원한 진리를 폐지하며, 종교와 도덕을 새로운 토대 위에 세우는 대신 일체의 종교와 도덕을 폐지한다. 따라서 공산주의는 지금까지의 모든 역사 발전에 역행한다."

결국 이러한 비난은 무엇으로 귀결되는가? 이제까지 모든 사회의 역사는 계급 대립 속에서 진행되었으며, 이러한 대립은 시대마다 각각 다른 형태로 나타났다.

그러나 이러한 계급 대립이 어떤 형태를 취하든, 사회의 일부가 다른 일부를 착취한다는 점만큼은 과거의 모든 시대에 공통된 사실이다. 그렇다면 지난 시대의 사회적 의식은, 설령 그것이 아무리 다양하고 아무리 상이하다 하더라도, 일정한 공통된 형태 속에서, 즉 계급 대립이 완전히 사라지기 전에는 완벽하게 소멸되지 않는 어떤 일반적인 이념 속에서 움직인다는 것은 조금도 놀라운 일이 아니다.

공산주의 혁명은 과거로부터 전해 내려오는 소유관계와 가장 철저하게 단절하는 것이므로, 혁명의 발전 과정에서 과거로부터 전해 내려온 사상과 가장 철저하게 단절한다는 것도 그리 놀랄 일은 아니다.

그러나 이제 공산주의에 대한 부르주아지의 비난에 관해서는 그냥 접어두기로 하자.

우리는 앞에서 노동계급 혁명의 첫걸음은 프롤레타리아트를 지배계급으로 끌어올리고 민주주의를 쟁취하는 것임을 살펴보았다.

프롤레타리아트는 정치적 지배권을 이용하여 부르주아지로부터 모든 자본을 차례로 빼앗을 것이다. 그리고 모든 생산도구를 국가의 수중에, 즉 지배계급으로 조직된 프롤레타리아트의 수중에 집중시키며 가능한 한 신속히 생산력을 증대시킬 것이다.

물론 이런 일은 우선 소유권과 부르주아적 생산관계를 전제적 방식으로 침해함으로써만 이루어질 수 있다. 다시 말해 경제적으로는 불충분하고 불안정한 것처럼 보이지만 운동이 경과하면서 오히려 자기 자신을 뛰어넘어 낡은 사회 질서에 대한 한층 더한 침해를 필요로 하게 만드는 조치들, 즉 생산양식 전체를 변혁하기 위한 수단으로서의 불가피한 조치를 통해서만 이루어질 수 있는 것이다.

물론 이러한 조치들은 나라마다 각기 다를 것이다.

그러나 가장 발전한 나라들에서는 다음의 조치들이 아주 일반적으로 적용될 수 있을 것이다.

1. 토지 소유의 폐지와 모든 지대를 국가 경비로 전용.
2. 고율의 누진소득세.
3. 상속권 폐지.
4. 모든 망명자와 반역자의 재산 압류.
5. 국가 자본 및 배타적 독점권을 가진 국립은행을 통해 신용을 국가의 수중으로 집중.
6. 국가의 수중에 교통 및 운송수단 집중.
7. 국가 소유 공장 및 생산도구의 증대, 공동 계획에 따른 토지 개간과 개량.
8. 모든 사람에게 동등한 노동 의무 부과, 산업 군대, 특히 농업을 위한 산업 군대 육성.
9. 농업과 공업의 결합, 전국적인 인구 분산을 통한 도농간 격차의 점진적 해소.
10. 공립학교에서 모든 어린이에 대한 무상교육 실시. 오늘날과 같은 아동들의 공장노동 폐지. 교육과 생산활동의 결합 등등.

발전 과정을 거치는 가운데 계급 차이가 사라지고 모든 생산이 전국에 걸친 방대한 연합체의 수중으로 집중되면 공권력은 정치적 성격을 상실하게 될 것이다. 본래 정치권력이란 한 계급이 다른 계급을 억압하기 위해 조직한 힘에 지나지 않는다. 프롤레타리아트가 부르주아지에 대항하는 투쟁에서 필연적으로 하나의 계급으로 단결한다면, 또 혁명으로 지배계급이 되며 지배계급으로서 낡은 생산관계를 폭력적으로 청산한다면, 그렇다면 이러한 낡은 생산관계와 아울러 계급 대립의 존립 조건과 계급 일반을 폐지할 것이며, 결국에는 자기 자신의 계급적 지배까지도 폐지할 것이다.

계급과 계급 대립으로 얼룩진 낡은 부르주아 사회 대신에, 개인의 자유로운 발전이 만인의 자유로운 발전의 조건이 되는 연합체가 등장할 것이다.

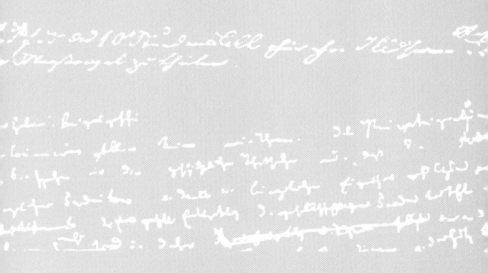

III. 사회주의 및 공산주의 문헌

1. 반동적 사회주의

A. 봉건적 사회주의

프랑스와 영국의 귀족계급은 그들의 역사적 지위로 말미암아 현대 부르주아 사회를 비판하는 소책자를 쓰라는 소명을 받았다. 1830년 일어난 프랑스 7월혁명과 영국의 개혁운동에서 이 귀족들은 가증스러운 벼락출세자들에게 또다시 패배했다. 이후 귀족들은 더 이상 의미 있는 정치투쟁을 벌일 수 없었다. 할 수 있는 일이라고는 글을 통한 싸움만이 남아 있었다. 그러나 문헌의 영역에서도 왕정복고 시대의 낡은 구호는 이제 통하지 않게 되었다.*

귀족들은 사람들의 공감을 얻기 위해 자신들의 이익은 안중에 없이 오직 착취당하는 노동계급의 이익을 위해 부르주아지를 비난하는 고소장을 쓰는 체 해야만 했다. 이처럼 귀족들은 한편으로는 새로운 지배자를 풍자하는 노래를 부르면서, 다른 한편으로는 지배자의 귀에다가 다가오는 재앙의 불길한 예언을 속삭임으로써 복수를 했던 것이다.

이렇게 봉건적 사회주의가 탄생했으니, 이는 반은 비가(悲歌)요 반은 풍자문이고, 반은 과거의 메아리요 반은 미래에 대한 위협이며, 때로는 신랄하고 기지 넘치는 날카로운 비판으로 부르주아지의 간담을 서늘

---

* 1660년에서 1689년의 영국의 왕정복고 시대가 아니라 1814년에서 1830년의 프랑스의 왕정복고 시대를 말한다(1888년 독일어판, 엥겔스 주).

케 하지만, 현대사의 진행 방향을 전혀 이해하지 못한 탓에 늘 우스꽝스러운 결과만을 연출한다.

귀족계급은 사람들을 자기편으로 결집시키기 위해 프롤레타리아트의 동냥주머니를 깃발 삼아 흔들었다. 그러나 사람들은 귀족의 뒤를 따라나서자마자 그들의 엉덩이에 새겨진 낡은 봉건 문장(紋章)을 보고는 불손하게 박장대소하며 흩어졌다.

프랑스 정통 왕조파(Legitimists)의 일부, 그리고 '청년 영국'(Young England)이 이러한 구경거리를 연출한 바 있다.

봉건주의자들은 자신들의 착취양식이 부르주아지의 착취양식과 달랐다고 지적하지만, 이는 그들이 지금은 시대에 뒤떨어진 전혀 다른 정세와 조건 아래서 착취했다는 사실을 잊고 있는 데 불과하다. 자신들이 지배하던 때에는 현대의 프롤레타리아트가 결코 존재하지 않았음을 입증하면서도, 현대의 부르주아지가 자신들의 사회질서가 낳은 필연적 후예임을 망각하고 있는 것이다.

더군다나 이들은 부르주아지에 대한 자신들의 비판이 반동적 성격을 띠고 있다는 사실을 거의 숨기지 않기 때문에, 주로 부르주아 정권 아래서 낡은 사회질서 전체를 산산이 날려 버릴 하나의 계급이 성장하고 있다는 점을 들어 부르주아지를 비난할 뿐이다.

귀족들은 부르주아지가 프롤레타리아트를 만들어낸다는 사실보다는 혁명적 프롤레타리아트를 만들어낸다는 사실 때문에 부르주아지를 비난한다.

그러므로 정치적 실천에서 귀족들은 노동계급을 징벌하는 모든 조처에 가담하는 한편, 일상 생활에서는 자기들 입으로 떠벌리는 온갖 호언장담에도 불구하고, 산업이라는 나무에서 떨어지는 황금 사과를 주워 담고 진리와 사랑과 명예를 양모나 사탕무 설탕, 감자 주정(酒精)과 맞바꾸는 일에 바쁘다.*

성직자가 언제나 지주와 손을 잡듯이 성직자풍의 사회주의 역시 봉건적 사회주의와 손을 잡는다.

기독교 금욕주의에 사회주의적 색채를 입히는 것처럼 쉬운 일은 없다. 기독교 역시 사적 소유와 결혼, 국가에 극구 반대하지 않았던가? 그 대신 자선과 구걸, 독신과 금욕, 수도원 생활과 교회를 설교하지 않았던가? 기독교 사회주의는 사제가 귀족들의 울화에 끼얹어 주는 성수(聖水)일 뿐이다.

B. 소부르주아 사회주의

부르주아지에게 타도된 계급, 현대 부르주아 사회에서 날로 그 생활조건이 위축되어 소멸하는 계급은 봉건 귀족만이 아니다. 중세의 시민과 소농민은 현대 부르주아지의 선구자였다. 상공업의 발전이 뒤진 나라에서는 이 두 계급이 아직도 신흥 부르주아지와 나란히 잔존하고 있다.

현대 문명이 완전히 발달한 나라에서는 소부르주아지라는 새로운 계급이 형성되었는데, 이들은 프롤레타리아트와 부르주아지 사이를 왔다갔다하면서 부르주아 사회를 보충하는 부분으로서 항상 새롭게 형성

---

* 이는 주로 독일의 경우에 해당하는데, 이곳에서는 토지 귀족과 지주들이 자신의 책임 아래 관리인을 통해 토지의 상당 부분을 경작한다. 게다가 이들은 대규모 사탕무 설탕 제조업자이자 감자 주정 증류업자이기도 하다. 이들보다 더 부유한 영국 귀족들은 아직 이 정도로 몰락하지는 않았지만, 그들 역시 다소 수상쩍은 뜨내기 주식회사 설립자들에게 자기 명의를 빌려주는 것으로 줄어드는 지대를 벌충할 수 있음을 알고 있다[1888년 독일어판, 엥겔스 주].

되고 있다. 그러나 이 계급의 개별 성원들은 경쟁의 작용으로 말미암아 끊임없이 프롤레타리아트로 전락하며, 현대 산업이 발전함에 따라 현대 사회를 구성하는 독립된 한 부분으로서의 자신들이 완전히 사라지고 제조업, 농업, 상업에서 노동 감독관과 토지 관리인, 점원 등으로 대체되는 시점이 가까이 다가오고 있음을 목도한다.

프랑스처럼 농민이 인구의 절반을 훨씬 넘는 나라에서는 부르주아지에 대항하여 프롤레타리아트 편에 선 작가가 농민과 소부르주아지의 잣대를 가지고 부르주아 정권을 비판하고 또 이러한 중간계급의 관점에서 노동계급을 용감하게 옹호하고 나선 것은 너무 당연한 일이었다. 이렇게 해서 소부르주아 사회주의가 생겨났다. 시스몽디는 프랑스뿐만 아니라 영국에서도 이러한 유파의 우두머리이다.

이 사회주의 유파는 현대의 생산관계에 존재하는 모순을 매우 날카롭게 해부했다. 또 경제학자들의 위선에 찬 변명을 낱낱이 폭로했다. 기계와 분업의 파국적인 효과, 자본과 토지의 소수 수중으로의 집중, 과잉생산과 공황 등을 논박의 여지없이 증명했으며, 소부르주아지와 소농민의 필연적 몰락, 프롤레타리아트의 빈곤, 생산의 무정부성, 부의 분배에서 나타나는 극심한 불균형, 국가 상호간의 산업 섬멸전, 낡은 도덕의 굴레와 낡은 가족관계 및 낡은 민족성의 와해 등을 입증했다.

그러나 이 사회주의는 그 긍정적 목적에 따르면 낡은 생산수단과 교환수단뿐만 아니라 낡은 소유관계와 낡은 사회를 복구하거나, 아니면 현대적인 생산수단과 교환수단에 의해 지금껏 파괴되어 왔고 또 파괴되어야 하는 낡은 소유관계의 틀 속으로 현대적인 생산 및 교환수단을 억지로 밀어 넣으려 한다. 어느 쪽이든 반동적이고도 공상적이다.

제조업의 길드 동맹과 농업의 가부장적 관계가 이 사회주의가 마지막으로 내놓는 약속이다.

사람을 도취시키는 자기기만의 모든 효과가 완고한 역사적 사실 앞에서 연기처럼 사라져 버리자, 결국 이 소부르주아 사회주의는 비참한 발작으로 끝나 버렸다.

C. 독일 사회주의 또는 '진정한' 사회주의

권력을 쥐고 있는 부르주아지의 억압 아래 출현하여 이러한 권력에 맞서는 투쟁을 표현한 프랑스의 사회주의 및 공산주의 문헌이 독일로 들어온 때는 독일 부르주아지가 이제 막 봉건 절대주의와 대결하기 시작한 무렵이었다.

독일의 철학자들, 얼치기 철학자들, 문예 애호가들은 이런 문헌에 탐욕스럽게 매달렸지만, 이것이 프랑스에서 독일로 건너올 때 프랑스의 사회적 조건까지 함께 건너온 것은 아니라는 점을 잊고 말았다. 이 프랑스산 문헌은 독일의 사회 상황과 맞닥뜨리면서 직접적인 실천적 의미를 모두 잃어버린 채 순전히 문학적 외양만을 띠게 되었다. 이 문헌들은 진정한 사회나 인간 본질의 실현에 관한 한가한 사변으로 보일 수밖에 없었다. 이리하여 18세기의 독일 철학자들에게 프랑스혁명이 제기한 요구들은 '실천이성' 일반의 요구에 지나지 않았고, 혁명적인 프랑스 부르주아지의 의지 표명은 그들의 눈에는 순수 의지, 즉 마땅히 있어야 할 모습으로서의 의지, 진정한 인간의 의지 일반의 법칙을 의미했다.

독일 문필가들이 한 일이라고는 프랑스의 새로운 사상을 자신들의 낡은 철학적 양심과 조화를 이루게 만들거나, 그도 아니면 차라리 자신들의 철학적 관점을 버리지 않은 채 프랑스의 사상을 자기 식대로 습득하는 것이었다.

이러한 습득은 외국어를 배우는 것과 똑같은 방식으로, 즉 번역을 통해 이루어졌다.

수도사들이 고대 이교도 시대에 쓰여진 고전의 사본에다가 카톨릭 성인들의 엉터리 전기를 덧씌웠던 것은 널리 알려진 사실이다. 독일 문필가들은 세속적인 프랑스 문헌을 이와는 반대의 방식으로 다루었다. 프랑스 원전 뒤에 자신들의 터무니없는 철학적 헛소리를 써넣은 것이다. 가령 화폐의 경제적 기능에 대한 프랑스인들의 비판 뒤에다가는 '인간의 소외'라 썼고, 부르주아 국가에 대한 프랑스인들의 비판 뒤에다는 '보편 범주의 폐위'라고 써넣는 식이다.

이런 식으로 프랑스인들의 역사적 비판 뒤에다 자신들의 철학적 상투어를 끼워 넣는 일을 두고 저들은 '행동의 철학'이니 '진정한 사회주의'니, 또는 '독일의 사회주의 과학'이니 '사회주의의 철학적 정초'니 하는 따위의 작위를 부여했다.

이렇게 하여 프랑스의 사회주의 및 공산주의 문헌들은 완전히 껍데기만 남게 되고 말았다. 그리고 이 문헌들은 독일인의 수중에서는 이제 더는 한 계급이 다른 계급과 벌이는 투쟁을 표현하지 않기 때문에, 독일인은 자신들이 '프랑스의 일면성'을 극복했으며, 진정한 요구가 아닌 진리의 요구를, 프롤레타리아트의 이익이 아닌 인간 본성의 이익을, 다시 말해 아무런 계급에도 속하지 않을 뿐만 아니라 실체도 없으며 단지 철학적 환상의 안개 속에서만 존재하는 인간 일반의 이익을 대변했다고 믿게 되었다.

자신의 서투른 학교 숙제를 너무나 진지하고 거창한 것으로 생각한 이 독일 사회주의는 보잘것없는 재고품을 대단한 물건인 양 약장수처럼 떠들어대더니, 세월이 흐르자 현학 속에 깃든 원래의 순수성마저 잃어 갔다.

봉건 귀족과 절대 왕정을 상대로 독일, 특히 프로이센의 부르주아지가 벌인 투쟁, 다시 말해 자유주의 운동은 점차 열기를 더해 갔다.

'진정한' 사회주의는 그토록 바라던 기회, 즉 이러한 자유주의 정치운동에 사회주의적 요구를 대립시키면서 자유주의, 대의제 국가, 부르주아적 경쟁, 부르주아적 출판의 자유, 부르주아적 법률, 부르주아적 자유와 평등에 대해 전통적인 파문 선고를 내리고, 이러한 부르주아 운동에서는 아무것도 얻지 못하고 모든 것을 잃게 될 것이라며 인민 대중에게 설교할 기회를 얻은 것이다. 독일 사회주의는 프랑스인들의 비판을 얼간이처럼 따라한 데 불과했지만, 프랑스인들의 비판이 현대 부르주아 사회와 그에 상응하는 경제적 생활조건 및 정치제도, 즉 독일에서는 이제 겨우 쟁취해야 할 대상으로 논의되기 시작한 바로 그 모든 현실 조건들을 전제로 한다는 사실을 제때에 망각했다.

성직자, 교수, 농촌 지주, 공무원 등을 거느린 독일의 절대주의 정부로서는 고맙게도 독일 사회주의는 위협적인 세력으로 떠오르고 있던 부르주아지를 내쫓아 주는 허수아비 노릇을 한 셈이다.

독일 사회주의는 이 정부가 채찍과 총알이라는 쓰디쓴 약으로 독일 노동계급의 봉기를 다스린 뒤 입에 물려주는 달콤한 사탕이었다.

이처럼 '진정한' 사회주의는 독일 부르주아지에 대항하는 투쟁의 무기로서 정부에 봉사하는 동시에 반동의 이익, 독일 속물들의 이익을 직접 대변했다. 독일에서 16세기부터 이어져 내려오는 유물로서 그때부터 끊임없이 다양한 형태로 나타나는 소부르주아지는 기존 상태를 떠받치는 실질적인 사회적 토대를 이루고 있다.

이 계급을 보존한다는 것은 독일의 기존 상태를 보존한다는 뜻이다. 부르주아지의 산업적·정치적 지배는 한편으론 자본 집중을 통해, 다른 한편으론 혁명적 프롤레타리아트의 등장을 통해 소부르주아지의 파멸을 예고한다. 소부르주아지에게 '진정한' 사회주의는 일석이조로 보였다. 그리하여 '진정한' 사회주의는 전염병처럼 번져 나갔다.

사변의 거미줄로 짜고 화려한 미사여구의 꽃으로 수를 놓아 역겨운 감상의 이슬에 흠뻑 적신 의상, 독일의 사회주의자들이 '영원한 진리'라고 하는, 말라빠진 그들의 처량한 육신을 감추기 위해 걸친 이 신비한 의상은 대중 속에서 독일 사회주의라는 상품의 매상을 올리는 데 크게 기여했다. 한편 독일 사회주의 측에서도 소부르주아 속물들을 위한 떠버리 대변인이라는 자기의 소명을 점점 자각하게 되었다.

독일 사회주의는 독일 국민을 모범 국민으로, 독일의 하찮은 속물을 대표적인 인간으로 천명했다. 독일 사회주의는 이 모범적 인간이 보이는 비열하고 천박한 행위 하나하나에 실제의 모습과는 정반대되는 은밀하고 고상한 사회주의적 의미를 부여했다. 더 나아가 독일 사회주의는 공산주의의 '난폭하고 파괴적인' 경향에 정면으로 반대한다고 하면서 일체의 계급투쟁에 대해 지고지순하고 불편부당한 경멸을 보낸다고 선언하기에 이르렀다. 현재(1847년) 독일에서 나돌고 있는 이른바 사회주의 및 공산주의 출판물들은 극소수를 제외하고는 모두 이런 구역질나는 무기력한 문헌의 영역에 속한다.[*]

2. 보수적 또는 부르주아 사회주의

부르주아지의 일부는 부르주아 사회의 지속적인 존립을 보장하기 위해 사회의 폐해를 바로잡기를 원한다.

여기에 속하는 부류로는 경제학자, 박애주의자, 인도주의자, 노동 계급의 처지를 개선하려는 자, 자선사업가, 동물학대 방지 협회 회원, 열광적인 금주 운동가, 그밖에 온갖 종류의 보잘것없는 개혁가 등이 있다. 그리고 이 부르주아 사회주의는 완전한 체계를 갖추게 되었다.

그 예로 우리는 프루동의 『빈곤의 철학』을 들 수 있다.

사회주의적 부르주아지는 현대의 사회 조건들이 갖는 장점은 모두 유지하되, 이 조건들에서 불가피하게 발생하는 투쟁과 위험만은 배제하려 한다. 이들은 사회의 기존 상태를 그대로 둔 채 다만 그것을 변혁하고 해체하는 요소만을 없애려 한다. 또한 프롤레타리아트 없는 부르주아지를 원한다. 부르주아지는 물론 자신이 지배하는 세계를 최상의 세계라고 생각하며, 부르주아 사회주의는 이런 기분 좋은 생각을 다양하면서도 어느 정도는 완벽한 체계로 발전시킨다. 그러한 체계를 실행에 옮겨 곧장 새로운 예루살렘으로 나아가기를 프롤레타리아트에게 촉구하지만, 부르주아 사회주의가 프롤레타리아트에게 요구하는 것은 실상 기존 사회의 울타리 안에 머물러 있되 다만 부르주아지에 대한 증오를 모두 던져 버리라는 것이다.

체계적이지는 않으나 더 실천적인 두번째 형태의 사회주의는 이러

---

* 1848년 혁명의 폭풍은 이 닳고 닳은 경향 전체를 싹 쓸어 버렸고, 덕분에 그 주창자들은 사회주의를 취미 삼아 가지고 놀아 보려는 의욕을 잃었다. 이 경향의 고전적 전형이며 대표자는 칼 그륀(Karl Grün, 1817~1887) 씨이다[1888년 독일어판, 엥겔스 주].

저러한 정치 개혁이 아니라 오로지 물질적 생활조건, 즉 경제적 관계의 변화만이 노동계급에게 이득이 됨을 증명함으로써 노동계급이 목도하는 일체의 혁명운동을 평가절하하고자 한다. 그러나 이 사회주의는 물질적 생활조건의 변화를 오로지 혁명을 통해서만 가능한 부르주아적 생산관계의 폐지로 이해하는 게 아니라, 이 생산관계의 토대 위에서 이루어지는 행정상의 개혁, 다시 말해 자본과 노동간의 관계에는 전혀 영향을 미치지 않는 채 기껏해야 부르주아 정부의 운영을 간소화하고 그 비용을 줄여 주는 행정적인 개선으로 이해한다.

부르주아 사회주의는 순전히 연설조의 모습을 할 때, 그리고 오직 그러할 때에만 자신에게 어울리는 표현을 얻는다.

자유무역! 노동계급의 이익을 위해. 보호관세! 노동계급의 이익을 위해. 감옥 개혁! 노동계급의 이익을 위해. 이러한 것이 부르주아 사회주의의 마지막 말이자 유일하게 진지한 말이다.

부르주아 사회주의는 한마디로 요약할 수 있다. 부르주아지는 부르주아지이다——노동계급의 이익을 위해.

3. 비판적 - 공상적 사회주의와 공산주의

우리가 여기서 논하려는 것은 현대의 모든 대혁명에서 프롤레타리아트의 요구를 표현한 바뵈프 등의 저서가 아니다.

봉건사회가 전복되던 전반적인 소요의 시대에 자신의 목적을 달성하려 했던 프롤레타리아트의 첫번째 시도는 프롤레타리아트 자체의 미발전 상태로 인해, 또 해방의 경제적 조건, 즉 아직 생겨나지 않았으며 오직 임박한 부르주아 시대에 의해서만 생겨날 수 있었던, 프롤레타리아트의 해방을 위한 경제적 조건의 부재로 인해 필연적으로 실패했다. 따라서 이 첫번째 프롤레타리아 운동에서 나타난 혁명 문헌들은 반동적일 수밖에 없었다. 이 문헌들은 보편적인 금욕주의와 조잡한 형태의 사회적 평등을 설교했다.

본래의 사회주의와 공산주의 체계들, 생시몽, 푸리에, 오언 등의 체계는 앞에서 설명한 시기, 즉 프롤레타리아트와 부르주아지의 투쟁이 충분히 발전하지 못한 초기에 생겨났다(1절 「부르주아지와 프롤레타리아트」를 보라).

이러한 체계의 창안자들은 계급들간의 대립뿐만 아니라 지배적인 사회 형태 내부에서 그 사회를 와해시키는 요소들의 작용까지도 목도하게 되었다. 그러나 아직 유아기에 머물러 있던 프롤레타리아트는 이들에게 아무런 역사적 창의성도, 어떠한 독립적인 정치운동도 갖지 못한 계급으로 보였다.

계급 대립은 산업의 발전과 보조를 맞추기 때문에, 이 초기 창안자들의 눈에 비친 경제 상황에는 프롤레타리아트의 해방을 위한 물질적 조건이 담겨 있지 않았다. 따라서 이들은 이러한 해방의 조건을 마련해 주는 새로운 사회과학, 새로운 사회법칙을 찾으려고 애를 쓴다.

역사적 행동 대신에 이들 개인의 창의적인 행동이, 역사적으로 형성되는 해방의 조건 대신에 환상적인 여러 조건이, 프롤레타리아트가 점진적이고 자연발생적으로 계급으로 조직화되는 과정 대신에 이 발명가들이 특별히 고안한 사회조직이 자리를 차지한다. 이들의 눈에는 자신들의 사회적 계획을 선전하고 실행에 옮기는 것으로 미래의 역사가 귀착되는 것처럼 보인다.

이들은 이런 계획을 작성하는 과정에서 가장 고통받는 계급인 노동계급의 이익에 주된 관심을 기울이고 있기는 하다. 그러나 이들의 눈에 프롤레타리아트는 오로지 가장 고통받는 계급이라는 관점에서만 존재한다.

계급투쟁이 아직 성숙하지 못했고 또 이들 자신을 둘러싼 환경 역시 발전되지 못했기 때문에 이 사회주의자들은 자신들이 모든 계급 대립을 초월했다고 생각한다. 이런 사회주의자들은 가장 나은 처지의 사람들을 포함한 모든 사회 성원들의 처지를 개선하려고 한다. 따라서 계급을 전혀 구별하지 않은 채 습관적으로 사회 전체에, 아니 결국 지배계급에 호소한다. 사람들이 일단 자신들의 체계를 이해하기만 한다면, 이런 체계야말로 가능한 최상의 사회에 대한 가능한 계획임을 누가 부인하겠는가?

그러므로 이 사회주의자들은 모든 정치 활동, 특히 일체의 혁명 활동을 거부하며, 평화로운 방법으로 목적을 이루고자 당연히 실패할 자그마한 실험들이나 본보기의 힘을 통해 새로운 사회적 복음의 길을 닦고자 한다.

미래 사회에 대한 이러한 환상적인 묘사는 프롤레타리아트가 아직 미숙하기 짝이 없는 상태에서 자신이 처한 위치를 환상적으로밖에 생각하지 못하던 때에 그려진 것으로, 사회를 전반적으로 개조하고 싶다는 이 계급의 최초의 본능적인 열망에 해당한다.

그러나 이 사회주의 및 공산주의 저서들에는 비판적인 요소도 들어 있다. 이 문헌들은 기존 사회의 모든 원칙을 공격한다. 그러므로 이 문헌들은 노동계급의 계몽을 위한 지극히 귀중한 자료들로 가득 차 있다. 도시와 농촌의 차별 폐지, 가족 폐지, 개인의 사적 이익을 위한 산업 경영의 폐지, 임금 제도의 폐지, 사회적 조화의 선언, 단순한 생산 관리 기구로의 국가 기능 전환 등——이 문헌들에서 제안한 이 모든 실천적 조치는, 당시에는 이제 막 출현하는 중이어서 초기의 희미하고 불확실한 형태로만 인식되고 있었던 계급 대립의 소멸에 전적으로 달려 있는 문제이다. 따라서 이 제안들은 아직 순전히 공상적인 성격을 띤다.

비판적-공상적 사회주의와 공산주의가 차지하는 의미는 역사 발전에 반비례한다. 현대의 계급투쟁이 발전하면서 명확한 형태를 띨수록, 계급투쟁에서 동떨어져 있는 이 환상 속의 입지와 계급투쟁에 대한 이들의 환상 속의 공격은 모든 실천적 가치와 이론적 정당성을 잃게 된다. 따라서 이 체계의 창시자들이 많은 점에서 혁명적이었다 하더라도, 제자들은 항상 보잘것없는 반동적 종파를 이루게 된다. 제자들은 자기 스승들이 지녔던 본래의 견해를 굳게 고수하면서 프롤레타리아트가 거두는 진보적인 역사 발전을 거부한다. 그러므로 이들은 초지일관 계급투쟁을 무디게 만들고 계급 대립을 화해시키려 애쓴다. 그러면서도 여전히 자신들의 사회적 유토피아 실험이 실현되기를, 즉 개별 팔랑스테르 설립, '국내 집단 정착지' 창설, '작은 이카리아' *——새로운 예루살렘의 축소판이다——건설 등을 꿈꾸며, 나아가 이 모든 공중누각을 세

---

* '팔랑스테르'(phalanstère)는 푸리에가 계획한 사회주의 집단 정착지의 명칭이다. 카베(Étienne Cabet, 1788~1856)는 자신의 유토피아와 훗날 미국에 세운 자신의 공산주의 집단 정착지를 '이카리아'(Icaria)라 불렀다(1888년 영어판, 엥겔스 주). '국내 집단 정착지'(Home Colony)는 오언이 자신의 공산주의 표본 사회에 붙인 이름이다. 팔랑스테르는 푸리에가 계획한 사회적 궁전의 이름이었다. 이카리아는 유토피아적인 환상의 땅을 일컫는데, 카베는 이곳의 공산주의적 기구를 묘사한 바 있다(1888년 독일어판, 엥겔스 주).

우기 위해 부르주아지의 동정심과 지갑에 호소해야만 한다. 점차 이들은 앞서 서술한 반동적이고 보수적인 사회주의자들의 범주로 추락하는데, 두 부류가 다른 점이 있다면 다만 공상적 사회주의자들이 더 체계적인 탁상공론을 한다는 점, 그리고 자신들의 사회과학이 일으킬 기적 같은 효력에 대해 광적인 미신을 갖고 있다는 점뿐이다.

따라서 공상적 사회주의자들은 노동계급의 편에 선 모든 정치 활동에 격렬하게 반대하는데, 그들이 보기에 이러한 활동은 새로운 복음에 대한 맹목적인 불신의 결과일 뿐이기 때문이다.

영국의 오언주의자들은 영국의 차티스트들에 반대하며, 프랑스의 푸리에주의자들은 프랑스의 개혁파에 반대한다.

IV. 현존하는 여러 반정부당에 대한 공산주의자의 입장

노동계급 정당에 대한 공산주의자들의 관계는 이미 2절(「프롤레타리아
트와 공산주의자들」)에서 명확히 밝혀졌다.

공산주의자들은 노동계급이 당면한 목적의 달성과 순간적인 이익
의 실현을 위해 투쟁하지만, 이와 동시에 현재의 운동에서 그 운동의 미
래를 돌보고 대변한다. 프랑스에서는 공산주의자들이 보수 및 급진 부
르주아지에 맞선 투쟁에서 사회민주당과 동맹을 맺고 있지만, 그렇다고
프랑스혁명에서부터 전통으로 이어져 내려온 빈말과 환상을 비판할 권
리까지 포기하지는 않는다.

스위스 공산주의자들은 급진파를 지지하지만, 이 정당이 일부는
프랑스적인 의미에서 민주적 사회주의자이고 일부는 급진 부르주아지
로서 서로 대립하는 요소들로 구성된 사실을 놓치지 않는다.

폴란드 공산주의자들은 토지분배 혁명을 민족해방의 최우선 조건
으로 내세우는 정당, 1846년 크라쿠프 봉기를 일으킨 바로 그 당을 지
지한다.

독일 공산주의자들은 부르주아지가 절대 왕정과 봉건 지주, 소부
르주아지에 대항하여 혁명적으로 행동하는 한 언제나 부르주아지와 함
께 싸운다.

그러나 공산주의자들은 부르주아지와 프롤레타리아트의 적대적
대립에 대한 명확한 인식을 노동계급에게 주입하는 일을 단 한순간도
멈추지 않는 바, 이는 독일 노동자들이 부르주아지의 집권과 함께 필연

적으로 도입할 수밖에 없는 사회·정치적 조건들을 이제는 부르주아지를 겨누는 무기로 사용하도록 하기 위함이며, 독일의 반동계급을 타도한 후 곧바로 부르주아지에 맞선 투쟁을 시작하기 위함이다.

공산주의자들은 독일에 주된 관심을 기울인다. 왜냐하면 독일은 바야흐로 부르주아 혁명의 전야에 있는데, 이 나라는 유럽 문명 일반이 좀더 발전한 조건에서 그리고 17세기의 영국과 18세기의 프랑스보다 훨씬 더 발전한 프롤레타리아트와 함께 이 변혁을 완수할 것이며, 따라서 독일의 부르주아 혁명은 프롤레타리아 혁명의 직접적인 서곡이 될 수밖에 없기 때문이다.

한마디로 공산주의자들은 어디서나 현존하는 사회·정치 질서에 반대하는 모든 혁명운동을 지지한다.

이 모든 운동에서 공산주의자들은 소유 문제가 어느 정도 발전했는가와 무관하게 소유 문제를 운동의 근본문제로 전면에 내세운다.

마지막으로 공산주의자들은 모든 나라 민주주의 정당들의 단결과 합의를 이끌어내기 위해 노력한다.

공산주의자들은 자신의 견해와 의도를 감추는 일을 경멸한다. 공산주의자들은 자신들의 목적이 기존의 모든 사회 질서를 폭력적으로 전복해야만 달성될 수 있음을 공공연하게 선언한다. 지배계급으로 하여금 공산주의 혁명 앞에 벌벌 떨게 하라. 프롤레타리아트가 잃을 것이라곤 족쇄뿐이요, 얻을 것은 세계이다.

만국의 노동자들이여 단결하라!

MANIFESTO

Immediate Impact
당대에 미친 영향

"우리의 시대, 민주주의의 시대가 동트고 있다."

맑스와 함께 『선언』 원고를 인쇄업자에게 건네 준 직후 프랑스에서 시작된 1848년 봉기 소식을 들은 엥겔스는 흥분을 간신히 억누르면서 펜을 놀렸다. 바야흐로 『선언』에서 예견한 모든 것이 현실에서 벌어질 태세였다. 그러나 이 책 자체가 직접적인 영향을 끼쳤다고 말하기는 어렵다. 반란은 책의 잉크가 채 마르기도 전에 발발한 상태였기 때문이다. 따라서 『선언』은 당대의 '시대정신'을 가장 선명하게, 그리고 가장 급진적으로 드러낸 문서라고 말하는 것이 더 어울릴 것이다.

초판이 발간된 것은 1848년 2월 24일 내지 그 전후의 어느 날이었다(초판은 독일어로 천 부 발간되었다). 런던의 노동자교육협회에서 조판을 마친 원고는 급히 리버풀 스트리트 인근의 인쇄업자에게 넘겨졌다. 처음 『선언』을 접한 독자들은 독일인 망명객들과(『선언』은 런던의 독일 망명객들이 보는 자유주의 주간지 『독일런던신문』에 연재되었다) 외에 소수의 프랑스인과 벨기에인, 런던의 몇몇 차티스트 운동가들이었다.

공산주의자동맹은 『선언』이 당도하자 흥분을 감추지 못했지만, 『선언』의 출간 일자로 보건대 이 책은 며칠 뒤 발발한 파리 2월혁명을 촉발하는 데 이바지하지도, 영향을 미치지도 못한 게 분명하다. 또한 같은 해 일어난 독일 봉기에도 전혀 영향을 미치지 못했다. 1848년 5월, 아니 어쩌면 6월까지도 독일에는 『선언』의 출간 사실조차 알려지지 않았다(베를린에서 폭동이 처음 발발한 것은 3월 15일이었다).

게다가 맑스와 엥겔스의 가장 대중적인 이 저작은 출간되자마자 시대에 뒤떨어진 책이 될 위기에 처한 듯했다. 책의 서두에서 특별히 이름까지 나열하며 거론한 '신성동맹'이 이미 과거사가 되어버린 것이었

1848년 봄에 이르러 혁명은 이미 합스부르크 제국의 심장부인 빈까지 확산된 상태였고, 곧 오스트리아 재상 메테르니히를 비롯해 『선언』의 첫 문단에 나열된 모든 괴물이 사임하게 된다.

다. 프랑스 수상 프랑수아 기조는 2월 23일에 쫓겨났고, 그 다음 날인 24일에는 프랑스 국왕 루이 필립이 국왕 폐하 만세를 외치기를 거부한 국민방위군에 의해 왕위에서 내려왔으며, 오스트리아 재상 메테르니히까지도 3주 뒤에 물러났다.

3월에 이르러 『선언』 몇 부가 파리에 당도한 것과 함께 맑스도 가족을 이끌고 파리로 왔다. 『독일-브뤼셀신문』에 쓴 글을 통해 벨기에 정부를 비난한 "역겨운 독설과 만행" 때문에 벨기에에서 추방된 것이었다. 맑스를 추방한 사람들은 갓 출간된 『선언』은 구경도 하지 못했다. 어쨌든 맑스는 이 나라를 떠날 생각을 하고 있던 참이었다. 맑스와 동지들은 행동이 벌어지고 있는 곳으로 발길을 재촉했다. 파리에서 샤퍼·바우어·몰 등이 맑스·엥겔스와 합류했고, 공산주의자동맹은 '독일노

1848년 2월 파리에서 시작된 혁명은 몇 주만에 독일로 퍼져나갔다. 이곳 알텐부르크 시민들 역시 자유주의적인 헌법을 받아들이도록 군주에게 압력을 가하기 위해 바리케이드를 세웠다.

동자사교회관'이라는 간판을 내걸고서 서둘러 파리에 본부를 설치했다. 동맹 지도부는 윗도리에 핏빛 리본을 달고 다니자는 제안을 통과시킨 뒤 곧장 업무(혁명의 계획)에 몰두했다.

맑스와 엥겔스는 다음으로 독일에서 봉기가 일어날 것이라고 확신했다. 그래서 『선언』을 수정해 곧바로 선전 일람표를 작성하는 게 시급한 과제로 떠올랐다. 독일에 봉기를 일으킬 프롤레타리아트가 전무하다는 사실은 임박한 혁명이 부르주아 혁명이 될 것임을 뜻했기 때문에, 『선언』의 요구들을 어느 정도 완화하여 독일 중간계급의 입맛에 맞게 바꿀 필요가 있었던 것이다. 「독일에서의 공산당의 요구」에 『선언』의 10대 강령 중 국립은행의 설립과 누진소득세를 비롯한 네 가지 요구만이 담긴 것은 이러한 연유로서, 부르주아지의 이해관계에 확실히 호소하기 위한 조치였다. 이 요구들은 베를린과 뒤셀도르프, 그리고 맑스의 고향인 트리어 등지의 신문에 게재되었다.

다음으로 제기된 의제는 실체가 모호한 독일 노동자의 의식을 향상시키는 것이었다. 공산주의자동맹의 회원들은 이 과제에 즉시 착수, 각자 독일의 고향 도시에서 선전 활동을 벌이기 위해 3월 말 파리를 떠났다. 한 동지의 말을 빌리자면, "동맹은 해체되었다. 이제 동맹은 모든 곳에 있고, 아무데도 없다".

맑스는 전에 활동한 적 있는 쾰른으로 돌아가 프랑스에서 목격한 혁명적 분위기를 북돋우는 급진 신문『신라인신문』을 창간했다. 맑스는 이 신문의 창간을 위해 어머니에게 물려받은 유산 중 남은 돈을 모두 털어넣었고, 빌헬름 볼프 같은 공산주의자동맹의 옛 회원들을 중심으로 신속하게 편집위원회를 꾸렸다.

그때부터 독일에서 보낸 12개월은 맑스가 표현한 대로 하자면 "미치광이처럼 보낸 한 해"였다. 혁명의 물결이 밀물과 썰물을 거듭하면서 맑스는 많은 나날을 격렬한 분노에 사로잡혀 보냈다. 아마 자신이 처해 있는 상황에도 화가 났을 것이다. 맑스는『선언』에서 부르주아지가 "혁명적으로 행동하는 한" 공산주의자들은 프롤레타리아트에게 부르주아지를 지지하도록 장려해야 한다고 주장하는 동시에 두 계급 사이에 존재하는 자연적인 적대를 강조한 바 있었다. 그런데 독일에서의 혁명을 위해 '수많은 양보'를 한 보람도 없이, 독일의 부르주아지는 전혀 "혁명적으로 행동"할 기미를 보여주지 않았던 것이다.

좌우간『선언』이나『신라인신문』의 기사들이 독일에서 반란을 지원하지는 못했다. 독일과 프로이센의 갓 태어난 의회 (3월폭동이 있은 뒤

1848년을 혁명의 해로 만들어버린 파리의 2월혁명.

세워졌다)는 9월에 해산되었고 반혁명이 시작되었다. 수많은 법정 출두가 있은 뒤(그때마다 맑스는 종종 멋들어지게 자기를 변호하여 배심원들은 무죄를 선고할 수밖에 없었다), 결국 프로이센 당국은 맑스와 『신라인신문』 직원들에게 추방 명령을 내렸다. 신문의 마지막 호는 "노동계급의 해방!"이라는 작별인사와 함께 온통 새빨간 잉크로 인쇄되었다.

　특이하게도 혁명의 해인 1848년에 자본주의의 심장부 영국에서는 프롤레타리아트의 봉기가 전혀 일어나지 않았다. 1849년 초 맑스는 이렇게 썼다. "영국은 세계 모든 민족을 자기의 프롤레타리아트로 만드는 나라이다 …… 영국은 혁명의 파도가 부딪쳐 부서지는 바위, 새로운 사회가 자궁 속에서 질식사하는 나라인 듯하다."

　『선언』의 첫 영어판은 1850년에야 모습을 드러냈다. 그러나 최초의 영어판도 영국 노동계급을 고무하여 대륙의 사촌형제들을 따라 봉기를 일으키게 만들지는 못한 듯하다. 『선언』의 유명한 첫 구절은 처음에는 "무시무시한 요귀가 유럽을 활보하고 있다"라고 영역되었다(반란의 청사진이라기보다는 그림 형제의 동화에 가까운 표현이었다). 헬렌 맥팔레인의 최초 영어 번역 대신 새뮤얼 무어의 더 유명한 표현 ── "하나의 유령이 유럽을 떠돌고 있다" ── 이 자리잡게 된 것은 1888년에 이르러서이다. 맑스가 세상을 떠나고 5년이 지난 뒤였다.

1848년 : 혁명의 해

1848~49년은 맑스에게만 "미치광이처럼 보낸 한 해"였던 게 아니라 서유럽 전체에게도 그런 해였다. 우연의 일치로 혁명의 파도가 프랑스, 독일, 오스트리아 제국을 휩쓸었고, 그 대부분은 아무런 지도나 통제 없이 물결쳤다(대부분의 봉기는 강한 자생성을 띠었다).

그런데 무엇이 프롤레타리아트와 부르주아지를 거리로 몰려나오게 만들었을까? 프랑스혁명에서 분명히 드러났듯이, 두 세력은 각기 다른 것을 요구했다. 노동자들은 빵과 일자리를, 부르주아지는 투표라는 형태의 권력을 원했다. 게다가 1846~47년의 흉작, 그리고 (악명 높은 기근을 아일랜드에서 발생시킨) 감자를 거무튀튀하게 썩게 만드는 마름병은 식료품 값의 앙등을 낳았다. 산업 경기의 침체는 도시 빈민 사이에 퍼진 불만에 기름을 붓는 격이었다. 자본주의라는 거대한 기계가 비틀거리는 듯 보였고 실업이 늘어났다. 식료품 값도 올랐고, 그 값을 치르기 위해 구해야 하는 일자리도 점점 찾기 어려워졌다.

프랑스의 철학자 알렉시스 드 토크빌은 1847년에 이렇게 물었다. "저들[노동계급]이 자기들 위에 군림하고 있는 자들은 모두 자기들을 통치할 능력도 가치도 없다고 끊임없이 되풀이해 이야기하는 소리가 들리

마차들을 뒤집어엎어 쌓은 파리 생마르탱 가(街)의 바리케이드. 파리 혁명봉기의 뚜렷한 상징이라 할 수 있는 이 광경은 1848년에 유럽 대부분 나라의 수도에서도 그대로 되풀이된다.

지 않는가?" 당시 각 나라의 정부는 변화하는 경제·사회 상황에 부응할 의사도, 능력도 없는 듯 보였다. 부르주아지는 참정권 확대와 더욱 책임 있는 정부를 원했고, 자신들의 요구를 충족시키기 위해 학생들을 최전선에 내세워 거리투쟁에 호소할 태세가 되어 있었다.

가장 먼저 혁명의 언저리에서 위태롭게 오락가락한 나라는 역시 혁명의 고향 프랑스였다. 파리에서 발발한 2월혁명을 이끈 세력은 부르주아지였지만, 그들 옆에는 노동계급이 나란히 싸우고 있었다. '노동할 권리'를 요구하는 프롤레타리아트의 목소리는 실업자들을 공공사업에 투입하는 '일자리 창출' 계획인 국민작업장의 창설로 진정되었다. 그러나 4개월도 채 되지 않아 정부는 이 작업장을 폐지했고, 이 조치는 도시 빈민들이 바리케이드에서 붉은 깃발을 치켜올리는 신호탄이 되었다. 파리 2월혁명에 고무받아 일어난 모든 혁명은 똑같은 과정을 밟았다. 홍분한 군중들이 프랑스의 혁명 소식을 듣기 위해 모여들면 정부는 문제가 커질까 우려하여 군대를 투입하고, 이내 민중과 경찰 간에 충돌이 발생하는 식이었다. 대부분 혁명이 나라별로 한 도시에 집중되면서 라인란트(3월 3일), 빈(3월 12일), 베를린(3월 15일), 밀라노(3월 18일) 등에서 벌어진 광경이 이러했다. 1848년 2월에서 6월 사이에만 파리, 빈, 베를린, 프라하, 부다페스트, 로마, 밀라노 등지에서 거센 반란이 일어나 정부가 무너지거나 아니면 겁에 질린 정부가 서둘러 개혁을 받아들이는 결과로 이어졌다.

같은 해 프랑스에서 '피로 물든 6월의 며칠' 이라 알려진 두번째 혁명이 일어나면서 부르주아지와 프롤레타리아트의 허약한 동맹은 갈가리 찢어졌다. 이번 봉기는 공화국 군대에 의해 무자비하게 진압되었다. 3일 동안 천 명이 넘는 수가 학살되었고 수천 명이 감옥에 가거나 망명길에 올랐다. 뒤이어 임시정부는 제2공화국 헌법을 제정하고 남성 보통선거를 통해 대통령을 뽑을 수 있는 기회를 프랑스에 부여했다――유럽 최초로 이러한 목표를 이룬 나라가 된 것이다. 이러한 조치는 적어도 부르주아지를 진정시키기 위한 보장책이었다.

그러나 자신의 이름이 곧 자신의 강령이라고 내세움으로써 후안무치하게도 친족관계를 선거운동에 써먹은 루이 나폴레옹(나폴레옹 보나파르트의 조카)이 압도적 다수의 표를 얻어 당선되자, 맑스는 이를 민주주의가 결코 제대로 작동하지 않으리라는 증거로 보았다. 『선언』의 메시지가 확인된 듯 보였다. 평등한 사회의 희망이 존재하기 위해서는 노동자들이 스스로 지배권을 장악해야 한다는 메시지 말이다. 1848년은 맑스에게나 엥겔스에게나 혁명을 직접 목격할 수 있었던 가장 가까운

프랑스 황제 나폴레옹 3세(오른쪽 보트에 앉아 있는 이)야말로 1848년 혁명의 으뜸가는 승리자이다. 20년 뒤 프랑스-프로이센 전쟁과 1871년의 파리코뮌이 있고 나서야 비로소 나폴레옹 3세의 통치가 막을 내린다.

기회였다. 비록 갓 태어나자마자 단명한 혁명이긴 했지만. 두 사람은 나머지 생애의 대부분(1871년이라는 두드러진 예외가 있긴 하지만)을 결코 쉽지 않은 혁명을 구상하는 데 바쳤다. 그러나 그 해에 두 사람은 가장 치열한 행동의 한복판에 있었다.

　12개월 만에 모든 게 끝장났다. 노동자들이 바리케이드 위로 머리를 치켜드는 곳 어디에서든 무자비한 진압사태가 벌어졌다. 오스트리아에서는 군대가 황제에게 권력을 되찾아 주었고, 빈과 베를린의 봉기도 제압당했다. 프로이센 국왕은 의회를 해산하고 반동주의자인 브란덴부르크 백작을 정점으로 하는 새로운 정부를 구성했다. 유럽의 군주들은 왕관을 고쳐 썼을 뿐, 결코 땅에 떨어뜨린 것이 아니었다.

프랑스에서는 루이 나폴레옹이 쿠데타를 일으켜 자신이 황제 나폴레옹 3세임을 선포했다. 그리고 런던에서는 차티스트들의 대규모 시위가──비록 겁을 먹은 정부가 나이든 웰링턴 공작에게 도시 방위를 지휘하도록 임명하기는 했지만──평화적으로 끝났다. 독일에서는 『선언』에서 끝까지 버리지 못했던 부르주아 혁명의 희망이 단지 일장춘몽에 불과했던 것으로 밝혀졌다. 맑스는 『신라인신문』의 지면에서 이렇게 투덜거렸다. "부르주아지는 손가락 하나 까딱하지 않았다. 다만 민중이 자신들을 위해 싸우도록 내버려두었을 뿐이다." 그의 말처럼 프롤레타리아트는 외롭게 싸우고 있었다.

　『선언』에서 펼쳐진 꿈의 시나리오를 가로막은 다른 요인들도 있었다. 혁명 지도부 사이에 협력이 없었던 점, 부르주아지가 사태의 급진전을 두려워했던 점 등이 실망스러운 결과를 낳는 데 이바지한 다른 요인들이었다. 영국의 역사가 G. M. 트리벨리언의 지적처럼, "1848년은 유럽의 역사가 돌지 못한 반환점이었다".

공산주의자동맹의 해체

맑스의 선동적인 글에 넌더리가 난 당국은 『신라인신문』을 폐간시키고 맑스와 그의 가족을 프로이센에서 추방해 버렸다. 맑스 일가는 가짜 여권을 이용해 프랑스로 돌아갔다. 그러나 언론 활동을 통해 그곳에서 혁명의 생명을 유지시킨다는 희망은 곧 연기처럼 사라져 버렸다. 왕정의 반동이 있은 뒤 일체의 혁명적 신문이 폐간되었기 때문이었다. 정부군 병사들은 6월 13일의 대규모 시위를 가차없이 짓밟으면서 주모자를 체포하고 시위 군중을 해산시켰다. 외국인 말썽꾼들이 다음 차례였다. 당국은 맑스에게 말라리아가 만연한 브르타뉴 주의 습지 지역인 모르비앙으로 가라는 추방 명령을 내렸다. 맑스의 표현을 빌리자면 "은근히 내 목숨을 노리는 수작"이었다. 맑스가 프랑스를 떠나겠다고 선언한 다음에 할 일은 자기를 받아 줄 나라를 찾는 것이었다. 독일과 벨기에는 맑스가 돌아오는 것을 원하지 않았고, 스위스조차도 맑스의 여권 신청을 거부했다. 어쩔 수 없이 영국에서 안식처를 찾아야 했다. 1849년 8월 27일 '찰스 맑스〔'찰스'는 '칼'의 영어식 표기이다〕박사'라는 이름으로 기선 '시티 오브 불로뉴' 호를 타고 도버에 도착한 맑스 앞에는 "잠 못 이루는 망명객의 기나긴 밤"이 기다리고 있었다.

한편 『선언』의 또 다른 지은이는 책에 담긴 말을 행동에 옮기고 있었다. 엥겔스는 독일 서남부 지역에서 임시정부를 방어하기 위해 싸우는 혁명세력의 군대에 가담했다. 그러나 4주 동안 네 번의 전투에서 패배한 뒤 상처를 치료하기 위해 스위스로 후퇴할 수밖에 없었다. 맑스는 '장군'(맑스가 엥겔스에게 붙여준 별명이다)에게 당장 자기 곁으로 오라고 편지를 썼다. "우리 런던에서 다시 일을 시작하자고."

맑스와 엥겔스는 유럽에서 다시 새로운 혁명이 발발할 것이라고 낙관하고 있었다. 일찍이 1847년 11월에 맑스와 엥겔스가 공산주의자동맹 2차 대회에서 승리를 거두었던 장소인 런던의 독일노동자교육협회 사무실에 곧 동맹의 새 본부가 설치되었다. 동맹은 유럽 전역의 사회주의자들을 아우르려 했지만, 여전히 유태인처럼 뿔뿔이 흩어진 혁명가들의 수많은 정치집단 중 하나에 불과했다.

맑스는 독일망명자원조위원회 위원으로 선출되었다. 자기 가족보다 더 원조가 시급히 필요한 망명자가 거의 없는 상황에서 말이다. 부인

예니는 영국에 도착하자마자 넷째 아이를 낳
았지만, 딘스트리트에 있는 아파트의 비위생
적인 환경과 극심한 궁핍 속에 살면서 2년 안
에 이 아이와 또 다른 아이 하나가 세상을 떠나
게 된다. 이 시기에 프로이센 첩자가 작성한 보
고서는 맑스 일가가 가진 물건을 대부분 팔아
치워 '제대로 된 가구 한 점' 남아 있지 않았음
을 확인해 준다.

인고의 삶을 산 맑스의 부인 예니 폰 베스트팔
렌. 맑스 가족은 끊임없이 빚에 시달렸고, 런던
에 살면서 견뎌야만 했던 가난과 더러운 환경
때문에 아이 둘을 잃었다.

　　공산주의자동맹의 사무실은 맑스가 자기
가족을 둘러싼 비참한 환경에서 벗어나 잠시
나마 기분전환을 할 수 있는 곳이었다. 동맹의
분주한 활동 시간표 가운데에는 월요일과 화요일 이틀 동안 진행되는
공산주의에 관한 토론이 포함되어 있었고, 주말에는 노래, 춤, 그림 그
리기 등 좀더 가벼운 시간표가 이어졌다. 그리고 토요일 저녁은 '음악
감상, 낭송, 재미있는 신문기사 읽기'에만 할애되었다.

　　당시 뽑아낸 재미있는 기사 중에는 맑스가 새로 펴낸 잡지 『신라인
신문 정치경제평론』의 기사도 몇 개 있었는데, 그 가운데 한 기사에서
맑스는 1848년의 프랑스혁명이 실패했다는 일반적인 평가에 이의를 제
기했다. 맑스는 혁명이 성공했더라면 오히려 재앙을 가져왔을 것이라는
매우 색다른 견해를 보여주었다. 혁명 정당은 오로지 일련의 패배를 통
해서만 혁명에 대한 환상적 관념과 기회주의적인 지도자들에서 벗어날
수 있기 때문이라는 것이었다. "혁명은 진전을 이루었고, 서서히 앞으로
나아갔다. 직접적인 희비극의 성과를 통해서가 아니라 강력하고도 단결

된 반혁명을 창조함으로써. 혁명은 죽었다──혁명 만세!"그러나『평론』은 맑스의 이처럼 뛰어난 기사들에도 불구하고 겨우 5호만을 낸 채 종간되었다. 맑스가 이 잡지의 '잠재 독자층'이라고도 볼 수 있는 독일인 망명객들의 정치적 어리석음과 조급함을 신랄히 조롱하는 '재정적 자살행위'를 했기 때문이었다.

공산주의자동맹의 성공 여부는 '새로운 혁명의 파고'가 일어날 가능성에 달려 있었지만, 1850년이 지나면서 그런 가능성은 점점 멀어지는 듯했다. 엥겔스가 「공산주의자동맹의 역사」에서 쓴 것처럼, "1848년 혁명의 길을 닦은 1847년의 산업공황은 이미 극복되고, 유례 없는 산업 번영의 시기가 새롭게 시작되었다. 눈이 달린 사람이라면 누구나 1848년 혁명의 폭풍이 점차 가라앉는 모습을 뚜렷이 볼 수 있었다". 따라서 맑스와 엥겔스는 "이 사회뿐만 아니라 우리 자신을 바꾸고, 우리 스스로 정치적 역량을 갖추기 위해선 …… 15년, 20년, 아니 50년 동안 내전과 국가간 전쟁을 겪어야 할 것"이라는 결론을 내리게 되었다.

이와 같은 맑스와 엥겔스의 변화된 현실 인식은 공산주의자동맹이 극적인 방식으로 해체(1848년의 '실천적' 해체가 아닌 진짜 해체)의 길을 걷게 된 이유 가운데 하나가 되기도 했다. 그도 그럴 것이 동맹의 구성원들 중 일부는 마음만 먹으면 아무때나 혁명을 일으킬 수 있다고 생각했기 때문이었다. 결국 1850년 9월 1일 온통 떠들썩하게 진행된 동맹 중앙위원회 회의는 조속히 무장투쟁을 벌이자고 요구하는 불만분자 가운데 하나인 아우구스트 빌리히와 맑스 사이의 난폭한 논쟁으로 끝을 맺었다. 빌리히(엥겔스가 전투에 참가할 당시 그의 사령관이었던 인물로 명사수였다)가 맑스에게 결투를 신청했지만 맑스는 현명하게도 이를 거절했다. 그런데 평생 권총을 한 번도 쏴본 적이 없는 콘라트 슈람이 맑스 대신 결투에 응하겠다고 나섰다. 결국 결투는 벌어졌고 동지들은 슈람의 사망 소식을 듣게 되었는데, 별안간 머리에 붕대를 감은 슈람이 방으로 뛰어들어왔다. 총알이 머리를 스쳐 기절만했을 뿐, 깨어나 보니 빌리히는 자기가 죽은 줄 알고 이미 자리를 떴다는 것이었다.

피묻은 손바닥 자국이 찍힌 러시아 공산주의 운동의 포스터. 피묻은 손바닥은 초기 공산주의 운동의 상징이기도 했다.

1850년 9월 15일 열린 공산주의자동맹의 마지막 회의에서 맑스는 본부를 쾰른으로 옮기자고 제안했다. 그러나 쾰른의 동지들도 그들 나름의 문제를 안고 있었다. 11명의 위원 모두 음모 혐의로 감옥에 갇혀 재판 날짜만 기다리고 있었던 것이다. 그 뒤 한 달 동안 진행된 '쾰른 공산주의자 재판'에서 7명이 수감되었다. 맑스와 엥겔스는 그 이후로 오랫동안 다른 조직에 가담하지 않았다.

공산주의자동맹을 상대로 한 마지막 연설에서 맑스는 1848~49년에 동맹 회원들이 "신문 지상에서, 바리케이드 위에서, 전쟁터에서" 자신들의 존재와 주장을 입증했다고 역설했다. 그러나 세계사에 더 중요한 의미를 갖는 사실은 동맹이 맑스에게 쓰도록 한 선언문이 이전에는 비밀스럽게만 전파되던 강력하면서도 새로운 메시지를 세상에 전했다는 점일 것이다. 맑스의 말을 빌리자면, 그 메시지는 "이제 모든 사람의 입에 오르내리고 …… 시장에서 공공연하게 설파되고 있었다".

인터내셔널과 파리코뮌

맑스는 『선언』이 후대까지 살아남을 것이라고 낙관했을지 모르지만, 당시에는 『선언』이 "망각의 늪으로 가라앉을 운명"에 처한 듯 보였다고 쓴 엥겔스의 말이 훨씬 현실적으로 들렸다.

맑스도 영국 부르주아지가 번영을 누리는 동안에는 "실제 혁명에 관한 어떤 이야기도 할 수 없다.······ 새로운 혁명은 오직 새로운 위기의 결과로만 가능하다"는 점을 인정했다. 그래서 맑스는 『이코노미스트』의 지난 호들을 잔뜩 안고서 대영박물관 열람실에 처박힌 채 자본주의의 존재 방식을 밝히는 정치경제학 비판에 몰두했다. 맑스는 "공적 무대에서 서재로 물러나" 자본주의의 생산과정을 분석하는 『자본』 1권을 집필하게 된 이 천금 같은 기회를 놓치지 않았다고 이야기했지만, 훗날 씁쓸하게 자신의 속내를 털어놓았다. "돈이 이렇게 궁한 상태에서 '돈'에 관한 책을 쓴 사람은 세상에 나밖에 없다."

10년간 영국의 사회주의 단체들은 혼수상태에 빠진 듯했다. 프롤레타리아트가 오랜 잠에서 깨어나 기지개를 펴게 된 것은 1860년대에 이르러서였다. 역사가 에릭 홉스봄이 지적했듯이, 이러한 각성은 "두 전선에서 대단히 '국제적인' ······ 정치활동과 현장 노동운동의 기묘한 결합"이 빚어낸 결과였다. "그것은 여러 나라에서 동시에 발생했고 ······ 노동계급의 국제연대와 떼려야 뗄 수 없는 것이었다."

1864년 9월 28일, 런던의 코벤트가든에 있는 세인트마틴 홀에서 국제노동자협회(이하 인터내셔널)를 결성하기 위한 회의가 열렸다. 맑스는 참관인으로 참석했을 뿐이지만 회의가 끝날 무렵에 이르자 총평의회 위원으로 선출되었다. 이 조직이 열두 달 만에 와해되지 않은 것은 맑스가 열심히 일한 덕이라고 해도 무방하다. 총평의회에는 거의 모든 문제에 대해 뜻을 달리하는, 서로 너무나도 다른 목표를 추구하는 다양한 사람들이 우글거리고 있었기 때문이다.

1864년 런던의 코벤트가든에서 맑스를 총평의회 위원으로 하여 결성된 국제노동자협회 회원증. 첫번째 유럽 대회를 개최할 무렵 '인터내셔널' 회원은 이미 2만 5천여 명을 헤아리고 있었다.

　맑스는 인터내셔널의 새로운 강령이라 할 수 있는 「국제노동자협회 발기문」과 「국제노동자협회 임시규약」(이하 「규약」)을 진부한 표현으로 가득한 유토피아주의에서 구해내기 위해 병상에서 아픈 몸을 일으켜야 했다. 「규약」에는 『선언』 같은 혁명의 예언과 열정적인 웅변이 없다. 맑스는 다음과 같은 말로 엥겔스에게 속내를 털어놓았다. "운동이 되살아나서 예전처럼 과감한 언어를 쓸 수 있으려면 시간이 걸릴 걸세." 그렇지만 이 글에는 1848년과 마찬가지로 1864년에도 '노동 대중의 비참한 현실'은 자명하다는 자신의 주장을 뒷받침하기 위해 『자본』에서 끌어다 쓴 수많은 통계가 담겨 있다. 그리고 「규약」 역시 익숙한 외침으로 끝을 맺는다. "만국의 노동자들이여 단결하라!"

　인터내셔널은 몇 차례 영국의 산업을 두절시키는 성공을 거두었고, 제네바에서 처음 유럽 대회를 개최하는 무렵에 이르러서는 25,173명의 회원 수를 자랑했다. 그러나 이 조직의 가장 위대한 순간은 파리 민중들이 프랑스-프로이센 전쟁에서 자신들을 프로이센 군대의 포위 공격과 기아사태로 내몬 중앙정부에 대항해 봉기한 1871년에 도래했다. 이것이 그 유명한 파리코뮌이다.

스딩 전투에서 프랑스가 패배하고 나폴레옹 3세 자신이 포로가 된 뒤 프로이센에 항복하는 장면. 황제 본인이 포로가 된 이 사건은 유럽 어디에선가 벌어질 첫번째 프롤레타리아 혁명으로 이어지는 일련의 사태를 촉발시켰다.

　　물론 파리코뮌은 『선언』이 낳은 직접적인 결과는 아니었다. 그러나 "파리코뮌이 인터내셔널의 정신적 자식임에는 의심의 여지가 없다"는 엥겔스의 말도 과장은 아니다. 전 유럽의 노동계급이 국경을 넘어 『선언』이 주장하고, 인터내셔널이 제창한 국제주의(전 세계 노동자들의 단결)를 표방한 최초의 계기가 바로 파리코뮌이었기 때문이다.

　　파리코뮌을 촉발한 전쟁은 1년 전 7월에 발발했다. 프로이센 수상 비스마르크가 프랑스 황제를 자극하는 데 성공하여 시작된 전쟁은 곧바로 일련의 전투에서 프랑스 군대가 완전히 와해되는 결과로 이어졌는데, 1870년 9월 2일 스딩에서 나폴레옹 3세가 휘하 병사 10만 명과 함께 사로잡힌 것도 그런 패배 가운데 하나였다. 이틀 뒤 파리에서 유혈 혁명이 발발하여 프랑스 제2제국에 종지부를 찍었고 새로운 국민방위

프랑스-프로이센 전쟁이 결국 파리의 굴복으로 마무리된 뒤 파리 상젤리제에서 행진하는 프로이센 군대.

정부가 세워졌다. 메츠에서 18만 명의 병사가 항복하는 궤멸적인 패배를 당한 뒤, 새로운 프랑스 정부는 1871년 1월 베르사유에서 서둘러 휴전협정에 서명했다. 그러나 자신들의 도시를 포위한 프로이센 군대에 맞서 장장 6개월간이나 버텨 왔던 파리 시민들은 이런 굴욕적인 항복에 격렬하게 분노했다. 그리고 이처럼 정부에 공공연하게 도전하는 태도에 우려를 품은 프랑스 정부가 국민방위대의 무장을 해제하려 하자, 파리 시민들은 이에 저항하여 파리의 지배권을 장악했다. 결국 제3공화국 정부는 베르사유로 물러날 수밖에 없었다.

새로운 자치 정부——역사상 최초로 프롤레타리아 정부임을 자처할 수 있었던 정부——는 1871년 3월 26일에 선출되었다. 81명의 의원 가운데 절반이 프랑스 노동운동에 관여했던 인물이었고 이들 대부분은

나폴레옹 3세와 프로이센 수상 비스마르크의 만남. 프랑스 군대와 프로이센 군대는 힘을 합쳐 파리로 진격, 1871년의 코뮌에 종지부를 찍었다. 이 과정에서 '코뮌 지지자' 3만여 명이 학살되었다.

인터내셔널에 속해 있었다. 그러나 이들은 정치 경험이 없었고, 파리코뮌 전체에도 일관된 방침이 없었다. 어쨌든 살아남기 위해 전쟁을 치러야 하는 상황에서 이러한 문제는 특히 심각한 것이었다.

　파리코뮌이 갖고 있던 것은 교회와 국가의 분리, 모든 교회 재산의 몰수, 학교에서의 종교 교육 금지, 채무 이행 연기, 채무에 대한 이자 폐지 등 (맑스가 『프랑스에서의 내전』에서 한 표현을 빌리면) '천지를 뒤흔든' 몇 가지 혁명적 정책뿐이었다. 그러나 훗날 나무랄 데 없는 어느 혁명가(레닌)가 증언했듯이, 파리코뮌은 "노동계급이 사회 전체를 노예제도에서 자유롭게 만들고 자기 자신의 정치적·사회적 해방을 확고히 하려는 목적으로 스스로의 힘으로 자신의 권력을 수립한 …… 세계 역사

1871년 갓 태어난 파리코뮌을 방어하는 포가(砲架). 코뮌 지지자들은 결국 프랑스와 프로이센 군대의 합동공격에 무릎을 꿇었다. 맑스가 파리 시민들에게 보내는 연설문을 쓰던 무렵 혁명은 이미 끝나 있었다.

상 최초로 벌어진 노동계급의 사회주의 혁명 예행연습"이었다. 파리코뮌 정부가 업무를 관장한 것은 72일 동안에 불과했다──레닌 말대로 '세계사에 한 획을 그은' 것이긴 했지만. 프로이센 군대의 지원을 등에 업은 베르사유 군대가 파리의 방어선을 짓밟고 난입한 바로 그날, 튈르리정원에서는 수많은 군중이 모여 콘서트를 감상하고 있었다. 베르사유 정부군은 대부분 무장하지 않은 3만여 명에 달하는 코뮌 지지자를 대포 공격으로 몰살시켰지만, 바리케이드를 사이에 두고 벌어진 소규모 전투에서 9백 명의 병사를 잃는 데 그쳤다.

　1871년 5월 마지막 주(피의 일주일) 동안 프랑스-프로이센 전쟁에서 벌어진 어떤 전투에서보다도 더 많은 사람이 죽었다. 5만여 명이 체

1871년 파리코뮌이 궤멸된 뒤 불타는 파리.

포되었고, 그들 중 일부는 프랑스의 범죄자 식민지인 태평양의 뉴칼레도니아로 유형에 처해졌다. 많은 이들이 감옥에서 죽거나 몸을 피해 스위스, 벨기에, 영국 등으로 망명했다. 맑스가 인터내셔널을 대표해 파리 시민들에게 50쪽짜리 담화문(훗날 『프랑스에서의 내전』으로 출간된다)을 발표했을 때, 그것은 이미 추도사가 되어버렸다.

　파리코뮌은 맑스와 엥겔스가 살아 생전 『선언』의 원칙이 현실에서 가장 가깝게 실현되는 것을 목격한 사건이었다. 그러나 파리코뮌에서 통과된 사회 입법의 대부분은 혁명보다는 개혁에 가까운 것이었다. 노동조합과 노동자 협동조합들이 빈 공장을 재가동하는 일은 허용되었지만, 모든 공장을 접수하라는 제안은 거부당했다. 파리코뮌조차도 『선언』의 말을 그대로 받아들일 태세는 되어 있지 않았던 것이다.

맑스주의의 등장

파리에서 유혈사태가 벌어진 지 8년 뒤인 1879년, 빅토리아 여왕의 큰 딸──훗날 독일 황제가 되는 프리드리히 빌헬름의 부인──이 자유당 소속의 의원으로 장차 식민지 담당 장관이 되는 마운트스튜어트 그랜트 더프 경에게 맑스에 관해 좀 알아오라고 요청했다. 마운트스튜어트 경은 맑스를 데번셔 클럽에 정식으로 초대해 세 시간에 걸친 점심식사를 나눈 뒤 공주에게 열렬한 추천장 같은 편지를 보냈다. "전체적으로 맑스에 대한 제 인상은 그가 저와 정반대되는 견해를 지닌 사람임을 감안해도 전혀 나쁘지 않았으며, 기꺼이 다시 만나고 싶은 마음입니다." 그리고는 이런 말을 덧붙였다. "맑스가 바라든 바라지 않든, 세상을 뒤집을 사람은 그가 아닐 것입니다." 맑스가 바야흐로 생의 마지막 10년을 보내고 있었으니, 더프 경의 평가도 그럴듯한 것이었다.

생의 마지막 몇 년은 맑스에게 깊은 실망만 안겨 주었다. 파리코뮌의 패배가 낳은 직접적인 결과라 할 수 있는 가혹한 억압은 프랑스 노동운동에 재앙과도 같았다. 파리는 5년 동안 계엄령으로 통치되었고, 인터내셔널은 절멸되었다. 새로운 정치적 권한으로 무장한 경찰에 검거당한 정치활동가들에게는 가차없는 중형이 내려졌다. 프랑스 노동계급의 지도적 활동가들은 모두 죽거나 투옥되거나 망명길에 올랐다.

이와 더불어 맑스의 기력도 서서히 떨어지기 시작했다. 인터내셔널은 1869년 대회를 마지막으로 한번도 대회를 열지 않았다. 파리코뮌이 붕괴한 뒤, 맑스는 헤이그에서 정식 총회를 열자고 요청했다. 이곳에서 맑스는 인터내셔널 본부를 뉴욕으로 옮기자는 제안을 통과시켰다. 이미 제 기력을 상실한 인터내셔널에 대한 의도적인 사형선고나 마찬가지인 조치이기도 했고, 끊임없이 비밀결사 위주의 모험적 행동을 주장한 미하일 바쿠닌 추종자들로부터 인터내셔널을 지키기 위한 마지막 조치이기도 했다(바쿠닌은 1849년의 드레스덴 봉기에 가담한 죄로 8년간 러시아의 감옥에서 형기를 보낸 뒤, 1861년 런던에 당도해 인터내셔널의 지도권을 강탈하려 한 영향력 있는 무정부주의자였다).

비록 1876년 인터내셔널은 해체되었지만 『선언』의 사상은 맑스와 엥겔스의 분석을 받아들인 새로운 세대의 급진주의자들 사이에서 마침내 뿌리내리게 되었다. 1889년 제2인터내셔널이 창립되기까지 약 13년 동안에 일어난 일이었다. 맑스와 엥겔스의 주장에 반대했던 바이틀링과 바쿠닌 같은 무정부주의자들이 경멸의 뜻으로 사용했던 '맑스주의자'와 '맑스주의' 라는 용어가 긍정적인 뜻으로 변화되어 사용되기 시작한 사실이야말로 이 점을 가장 잘 보여준다.

당시의 혁명가들은 어떤 사상을 특정 개인의 이름에서 유래한 용어로 지칭하는 것을 원천적으로 거부하곤 했다. 그들의 말을 빌리면, 무릇 혁명가들이라면 노동계급 전체의 대의에 부합하는 '사상' 을 따라야지 '사람' 을 따라서는 안 될 일이었기 때문이었다. 특히 특정 개인이 부각될 경우에는 운동의 원칙 자체가 흔들릴지도 모른다는 것이 당시 혁명가들 사이에 널리 퍼진 공통된 생각이었다는 점을 감안한다면, '맑스주의자' 나 '맑스주의' 라는 용어가 긍정적인 뜻으로 사용되기 시작했다는 것이야말로 『선언』에 담긴 맑스와 엥겔스의 사상이 얼마나 설득력 있었는지를 잘 보여준다고 할 수 있겠다.

1881년 무렵 맑스주의를 표방한 독일 사회민주당이 제국의회에 12명의 의원을 진출시키고(엥겔스는 이를 두고 "지금까지 프롤레타리아트

가 이룩한 가장 눈부신 업적"이라고
썼다), 1889년 엥겔스의 지도 아래
경쟁선거와 엄격한 대의제를 갖춘
제2인터내셔널이 창립되자 맑스주
의라는 용어는 국제 공산주의 운동
에서 확고한 자리를 차지하게 되었
다. 6년 전에 먼저 죽은 맑스를 기
리며 엥겔스는 이 상황을 이렇게
요약하기도 했다. "무정부주의자

뉴욕시의 전차대파업. 파업을 무기로 삼는 전략을 가장 효과적으로
사용한 것은 종종 맑스의 가장 커다란 경쟁세력, 즉 무정부주의자들
이었다.

들은 우리에게 그런 이름을 붙여준 것을 후회하고 있을 것이다"라고.

그러나 이른바 '맑스주의'의 등장은 맑스와 엥겔스뿐만 아니라 국
제 공산주의 운동에게도 축복이자 재앙이었다. 서로 맑스주의자임을 자
칭한 온갖 분파들이 맑스나 엥겔스도 알지 못하는 사이에 자신들만의
맑스주의를 쏟아내기 시작했기 때문이었다(나중에는 맑스주의가 아니라
맑스주의 '들'이라고 불러야 할 지경이었다). 누군가가 맑스주의자라고 공
인받는다는 것은 그가 그만큼 운동의 주도권을 훨씬 쉽게 움켜쥘 수 있
게 되었다는 뜻이었으니 그럴 만도 했다. 맑스는 살아 생전에 이런 상황
을 예상이라도 한 듯이, 엥겔스에게 다음과 같은 농담을 던지곤 했다고
한다. "그런 것[맑스주의임을 자칭하는 온갖 잡다한 사상]이 맑스주의라
면 나는 맑스주의자가 아니라네."

한편, 맑스주의라는 용어를 정착시키는 데 크게 공헌한 제2인터내
셔널은 엥겔스 사후 바쿠닌을 추종하는 무정부주의자들이 파업을 주요
무기로 활용하는 자신들의 전략을 거듭 주장함에 따라 끊임없이 내부

분쟁에 휩싸이게 되었다. 무정부주의자들은 1880년대 미국에서 10만여 명의 노동자가 참여한 대규모 시위를 여는 등 8시간 노동제를 위한 운동을 조직하는 성과를 거두기도 했지만, 그들의 비타협적 파업 전술은 의회 진출을 통한 합법적 사회개혁의 가능성을 인정했던 제2인터내셔널의 공식 입장과 끊임없이 충돌할 수밖에 없었던 것이다.

제2인터내셔널이 개최한 처음 네 차례의 국제대회는 이러한 내부 투쟁으로 점철되었고, 1896년에는 독일 사회민주당 지도자 빌헬름 리프크네히트와 맑스의 딸 엘리너 에이블링이 무정부주의자들의 발언을 가로막기도 했다. 결국 무정부주의자들의 축출로 사태는 일단락되는 듯했지만, 제2인터내셔널은 또 다른 시련을 감당해야 했다. 1914년 7월 28일에 발발한 제1차 세계대전이 그 시련이었다.

당시 제2인터내셔널은 국제주의에 기반한 전쟁 반대를 공식적인 입장으로 천명하고 있었다. 그러나 같은 해 8월 4일 독일 사회민주당이 자국 노동자들 사이에 불어닥친 민족주의 열풍에 굴복해 제2인터내셔널의 반전 결의를 배반하고 제국의회에서 전쟁국채 법안을 승인하는 사건이 벌어졌다. 이것은 실질적인 참전 결의나 마찬가지였다. 이후 유럽 각국의 노동자 정당들은 독일 사회민주당의 행동을 뒤따랐고, 결국 제2인터내셔널은 내부 분열을 견디지 못한 채 와해되었다.

그때에도 『선언』의 여러 판본은 계속 쏟아져 나오고 있었다. 국제 공산주의 운동의 극심한 부침에도 불구하고 『선언』은 엥겔스의 말처럼 "전체 사회주의 문헌 가운데 가장 널리 유포되고, 가장 국제적인 작품이며, 시베리아에서 캘리포니아에 이르는 모든 나라의 수백만 노동자들에게 인정받는 공동의 강령"으로 널리 인정받게 된 것이다.

The Manifesto's Legacy

『공산당 선언』의 유산

1883년, 맑스는 무국적자로 법적 유언장도 남기지 않은 채 세상을 떠났다. 맑스가 묻힌 런던 하이게이트 공동묘지는 지금도 세계 곳곳에서 맑스주의자들이 찾아오는 순례지로 남아 있다. 맑스가 남긴 어마어마한 양의 편지와 노트는 그가 작업했던 필생의 역작을 완성하도록 엥겔스에게 전달되었다. 그 뒤 10여 년의 세월 동안 분투한 엥겔스는 1895년 암으로 죽기 전에 『자본』을 완성했고, 그의 유골은 서식스의 비치헤드 바닷가에 뿌려졌다. 『자본』 마지막 권인 3권은 1894년에 이르러서야 독일에서 출간되었다.

맑스와 엥겔스의 평생 동안 『선언』의 예측이 실현되리라는 희망은 머나먼 듯했다. 그러나 두 사람이 세상에 소개한 사상은 엥겔스 사후 불과 23년 만에 현실에서 그 모습을 드러냈다.

맑스와 엥겔스가 『선언』의 새 판을 찍을 때마다 새로운 상황에 맞게 장문의 서문을 새로 썼다는 것은 익히 알려진 사실이다. 그 가운데 맑스가 살아 생전 출간한 마지막 글이 된 1882년 러시아어 2판 서문은 러시아에서 혁명이 일어날 가능성을 언급한 것으로 유명하다. 맑스와 엥겔스가 이 서문에서 러시아를 "유럽에서 발생할 혁명적 행동의 전위"로 지목한 이유는 러시아의 오브쉬치나(Obschtschina)가 공산주의의 발전에 출발점 역할을 할지도 모른다는 기대 때문이었다. (비록 심하게 붕괴된 상태였지만) 토지의 공동 보유형태를 간직하고 있는 러시아의 전통적인 촌락 공동체 오브쉬치나가 부르주아적 소유관계와 구분되는 공산주의적 소유관계의 맹아를 담고 있다는 것이었다. 그리고 맑스와 엥겔스의 이 기대가 틀린지 옳은지를 판별하는 데에는 그리 많은 시간이 필요하지 않았다. 1917년 러시아혁명이 성공했기 때문이다.

레닌과 러시아혁명

1900년, 러시아 시베리아의 어느 감옥에서 한 젊은 혁명가가 석방되었다. 당시 차르 정권에 반대하는 선동을 한 죄로 갇혀 있었던 이였다. 이 청년, 블라디미르 일리치 레닌——원래 성은 울리아노프(Ulyanov)이다——은 지체 없이 러시아 맑스주의 정당의 심장부로 들어섰다. 맑스의 열렬한 추종자였던 레닌은 그토록 열망하던 혁명이 러시아에서 벌어질 것임을 믿어 의심치 않았다. 그리고 1917년, 레닌과 그의 당 볼셰비키는 실제로 러시아에서 혁명을 벼려낼 수 있었다. 맑스의 이름으로 이루어진 최초의 성공한 혁명이었다.

런던 하이게이트 공동묘지에 있는 칼 맑스의 무덤. 1883년 맑스가 묻힌 이래 이곳은 전 세계 맑스주의자들의 발길이 끊이지 않는 순례지가 되었다.

혁명이 성공한 직후 러시아는 온통 흥분으로 가득 찼다. 병사들은 장교를 직접 선출할 권리를 얻었고, 남성과 여성이 동등하게 대우받았으며, 노동자 위원회는 사업을 관장하는 권한을 부여받았다. 토지는 공공의 소유가 되었고, 나중에 소비에트 연방을 이루게 되는 서로 다른 나라들에게는 직접 자국의 미래를 결정할 수 있는 권한이 부여되었다. 놀라운 창의력의 시대, 미술·디자인·시를 필두로 하여 모든 예술이 가슴을 고동치는 자유를 노래한 시대였다.

1919년에는 레닌의 발의로 모스크바에서 제3인터내셔널, 훗날 '공산주의인터내셔널' (코민테른)로 알려질 새로운 국제조직이 탄생하게

1918년 10월, 러시아혁명 1주년 기념일에 모스크바 붉은 광장에서 연설하는 레닌. 세계 최초로 혁명에 성공한 혁명가의 모습을 담은 고전적인 사진이다.

되었다. 이듬해 코민테른은 레닌이 기초한 '민족 – 식민지 문제에 관한 테제'를 채택하기도 했는데, 이 테제는 전 세계의 식민지 해방운동과 맑스주의가 결합되는 데 큰 공헌을 했다.

그러나 세계 최초로 등장한 공산주의 국가의 미래는 곧 어둠에 직면하게 되었다. 혁명 당시 러시아는 제1차 세계대전의 여파와 혁명에 이은 내전으로 가뜩이나 뒤처져 있던 산업의 기반이 붕괴 일보직전에 처해 있었다. 게다가 엎친데 덮친격으로 극심한 기근이 닥쳐와 농업 생산량까지 떨어지면서 농촌을 중심으로 폭력이 점증하게 되었다.

결국 레닌을 비롯한 러시아 혁명가들에게는 인구의 80퍼센트가 농업에 종사하며 여전히 중세적 전통에 물들어 살고 있던 고국을 현대적인 산업 대국으로 변모시키는 일이 시급한 과제로 떠올랐다. 그리고 이 과제는 세계 최초로 성공한 공산주의 혁명의 대의를 지켜나가기 위해서도 불가피한 일로 여겨졌다.

레닌의 추종자들로서는 놀랍게도, 레닌과 그의 당은 『선언』의 주장 가운데 많은 것을 포기했다.

『선언』이 인류의 미래를 위해 제시한 꿈은 "개인의 자유로운 발전이 만인의 자유로운 발전의 조건"이 되는 사회의 건설이었다. 그리고 이 꿈을 위해 『선언』은 진정한 민주주의의 쟁취("한 계급이 다른 계급을 억압하기 위해 조직한 힘"인 기존 정치권력의 변화), 소수에 의한 다수의 착

초기의 볼셰비키 인민위원회 회의를 주재하는 레닌(가운데). 트로츠키의 모습도 보인다.

취 철폐(부르주아적 소유형태의 폐지), 민족 상호간의 적대 종식(노동계급의 국제적 연대)이 이루어져야 한다고 주장했다. 그러나 러시아 혁명가들은『선언』의 다른 문구에 더 많은 관심을 기울이는 듯했다. "가능한 한 신속히 생산력을 증대시킬 것"이라는 문구에. 그것도 앞뒤 문맥을 거두절미한 채로 말이다.

1920년 12월 29일 모스크바에서 열린 제8차 전(全)러시아 소비에트 대회는 러시아 혁명정부가『선언』에서 멀어지게 되는 신호였다. 이 대회에서 레닌은 "공산주의란 소비에트(노동자-병사 평의회) 권력에 전 국토의 전력화(電力化)를 더한 것이다"라는 말과 함께 러시아의 급격한 산업화를 예고했다. 이듬해인 1921년 봄, 레닌은 제1차 세계대전과 내전이 결합되어 야기된 어려운 상황을 극복하려는 노력의 일환으로 신

경제정책(NEP)을 개시했다. 그에 따라 농업·소매업·경공업 분야에서 사적 소유가 용인되었고, 자본주의적 시장도 부분적으로 재도입되었으며, 자본주의 국가와의 교역도 장려되었다. 레닌은 NEP가 국가의 통제 아래 자본주의적 생산이 주도되는 국가자본주의를 러시아에 도입하는 정책이라는 것을 잘 알고 있었지만, 자신이 '일시적'인 것일 뿐이라고 생각한 이 정책이 앞으로 어떤 사태를 불러올지는 잘 몰랐던 듯하다. 뇌졸중 발작으로 오른쪽 반신이 마비된 1922년 12월에 이르러서야, 레닌은 자신이 입안한 정책이 다른 사람의 손에 넘겨졌을 때 어떤 일이 벌어지리라는 것을 희미하게나마 깨닫게 되었지만 너무 뒤늦은 깨달음이었다. 1924년 1월 레닌이 죽었을 때 그 옆에서 대기하고 있었던 인물은 20세기의 가장 거대한 망령 가운데 하나인 요시프 스탈린이었다.

레닌의 후계자임을 자처한 스탈린 치하에서 소련은 가장 폭압적이자 나치 독일에 필적할 만한 전체주의 국가가 되었다. 레닌 사후 권좌에 오른 스탈린은 1925년 이른바 '일국 사회주의'라는 정책을 발표했다. "노동자에게는 조국이 없다"는 선언으로 유명한 『선언』의 국제주의에서 멀어져 가는 중요한 한 걸음이었다. 레온 트로츠키 같은 이들은 서유럽의 다른 나라들로 혁명이 확산되지 않으면 러시아혁명은 실패하고 말

1925년 당시 레닌의 후계자들. 왼쪽부터 스탈린, 류코프, 카메네프, 지노비예프이다. 몇 년 뒤에는 이들 중 스탈린만 남게 된다.

것이라고 믿었지만, 스탈린은 민족주의에 크게 의지하는 방향을 선택했다. 요컨대 스탈린의 공산주의는 맑스와 엥겔스가 설파한 공산주의와는 정반대였다. 그러나 당시만 해도 애국주의의 열풍이 크게 일어나 스탈린이 자기 나라에 가한 호된 시련을 변명해 주는 듯했다.

1929년에 이르러 스탈린은 레닌이 소규모 농장과 사적 소유를 허용해 농촌 지역에서 생겨난 새로운 자본주의의 정체가 과연 무엇인지를 놓고 또 다른 지도자 니콜라이 부하린과 벌인 논쟁에서 승리했다. 스탈린의 정책은 농민들을 땅에서 내쫓아 공장으로 몰아넣는 한편, 러시아 전역의 소규모 농장을 새로운 국영 집단농장 체제로 강제 전환시켜 쿨라크라 불리는 부농들의 권력을 파괴한다는 것이었다.

레닌 사후 몇 세대가 흘렀지만 러시아 사람들은 여전히 그의 기억을 존경하며 추운 겨울날에도 붉은 광장에 있는 그의 무덤을 찾기 위해 줄 서기를 마다하지 않는다.

스탈린은 곧 이 계획을 실행에 옮겼다. 이른바 '5개년 계획'이 그 것이었다. 스탈린이 두 차례에 걸쳐 전개한 5개년 계획(제1차 5개년 계획은 1929~33년, 제2차 5개년 계획은 1933~37년에 실시되었다)은 농촌 (특히 부농들)으로부터 산업화에 필요한 자원을 강제로 수탈하는 것을 전제로 시작된 중공업 우선 정책이었는데, 이 캠페인은 곧 20세기의 가 장 큰 재앙 가운데 하나가 되었다. 5개년 계획의 실시를 전후로 5백만 명에 이르는 쿨라크가 시베리아로 추방당했고, 군대가 강제로 그들을 땅에서 내모는 과정에서 처음 몇 달 동안에만 150만 명이 살해된 것이 다. 농민들은 러시아 전체 가축의 절반을 도살하는 것으로 이에 맞섰지 만, 5년 안에 전체 농민의 70퍼센트가 집단농장으로 강제 편입되었다──농업집산화 정책으로 인해 야기된 기근사태로 수백만 명이 목숨을 잃은 뒤의 일이었다.

이와 같은 폭압적인 과정을 통해 농민들이 공장 노동자로 속속 변신함에 따라 모스크바는 10년 만에 두 배로 규모가 커졌다. 그러나 이곳에도 자유는 거의 존재하지 않았다. 스탈린의 통치 아래 파업은 '파괴행위'로 재정의되었고, 1939년 이후에는 20분 이상 늦게 출근하는 일만 있어도 그 노동자는 즉시 해고되었다.

스탈린의 이 5개년 계획은 레닌이 '일시적'인 정책일 뿐이라고 생각했던 NEP를 '반(半)영구적'인 정책으로 뒤바꾸어 놓은 정책이자, 맑스와 엥겔스가 『선언』의 러시아어 2판 서문에서 기대했던 바를 산산조각낸 정책이기도 했다. 그도 그럴 것이 스탈린의 집단농장은 맑스와 엥겔스가 주목한 오브쉬치나와는 그 성격이 완전히 다를 수밖에 없었던 것이다. 스탈린의 집단농장도 공동체이긴 했지만, 그것은 개인의 자유가 보장되지 않는 '억압의 공동체'였을 뿐이다.

1934년에는 스탈린을 대체할 가능성이 있는 유일한 인물 세르게이 키로프가 암살당한 뒤, 당 내에서 무시무시한 숙청이 시작되었다. 스탈린이 새로 설치한 내무인민위원회가 밤마다 수만 명을 일제 검거했고, 그들 대부분은 다시는 얼굴을 볼 수 없었다. 스탈린의 과거 경쟁자들은 공개재판에 회부되어 총살당했다. 이웃끼리 서로 고발하는 일이 장려되었고, 수백만 명의 사람들이 무성한 소문과 빈정거리는 말, 행정 당국의 감시라는 나락으로 떨어졌다.

수많은 서로 다른 통계 가운데 하나에 따르면, 350만 명에 이르는 사람들이 교정노동수용소관리국('굴락')의 시베리아 강제노동수용소로

스탈린의 경쟁자 지노비예프와 카메네프는 스탈린을 해치려는 음모를 꾸미고 키로프를 살해했다는 허위 죄상으로 재판에 회부된 뒤 처형당했다. 이 사진은 레닌그라드의 노동자들이 이 사건에 관한 보고를 듣고 있는 장면이다.

보내졌고, 그 가운데 절반 이상이 추위와 굶주림으로 목숨을 잃었다. 또 다른 통계에 따르면 공개 처형된 수만 150만 명을 넘는다. 1937년 스탈린은 군대로 관심을 돌렸다. 체포되거나 처형당하는 식으로 35,000명의 장교가 이때 숙청되었다(그것도 전쟁이 터지기 직전에). 그리고 그 이듬해에 스탈린은 숙청을 가능케 했던 고문 전문가와 비밀 경찰들을 숙청하는 것으로 숙청을 마무리했다.

결국 소련에서는 맑스와 엥겔스가 『선언』에서 예견했던 "개인의 자유로운 발전이 만인의 자유로운 발전의 조건"이 되는 사회가 나타나지 않았다. 부르주아지가 타도되고 난 자리에는 겁에 질리고 우둔한 새로운 관료층, 즉 노멘클라투라라는 새로운 엘리트층이 등장하기 시작했다. 이들은 말로는 프롤레타리아트를 대신해 지배하지만 실제로는 자기 자신을 제외하고는 어느 누구의 요청에도 대답하지 않는 전제적 정권의 하수인이자 간부 관리자 계층이었다. 노멘클라투라는 공포를 통해 지배했지만, 자신들도 공포에 지배당했다. 소련 공산주의를 무너뜨리게 되는 나태와 무기력한 부패가 이때부터 자리를 잡은 것이다.

혁명의 쇠퇴

러시아혁명의 성공에 흥분을 감추지 못했던 많은 사람들은 맑스와 엥겔스가 제시한 국제 공산주의 혁명의 꿈이 어떻게 펼쳐질지 보려고 기다렸다. 그러나 그런 일은 일어나지 않았다. 충실한 지지자들의 가슴을 희망으로 부풀게 만든 순간들이 몇 차례 있기는 했지만, 웬일인지 혁명이 확산되는 일은 전혀 없었다.

국제 공산주의 운동의 가장 유명한 순교자인 로자 룩셈부르크는 마지못해 개시한 1919년 독일혁명에서 살아남지 못했다. 이 봉기는 강경 진압되었다.

유럽 다른 곳에서 혁명에 가장 근접했던 것은 제1차 세계대전의 패배로 인한 극심한 여파 속에 독일에서 일어난 맑스주의 봉기였다. 1919년 1월에 벌어진 총파업은 독일 전역을 마비시켰다. 혁명적 맑스주의자 로자 룩셈부르크는 철의 규율을 자랑하는 소수의 엘리트 혁명가들이 혁명을 주도해야 한다는 레닌의 생각을 비난하는 동시에 대중파업이라는 새로운 전술을 제시했다. "행동하라! 용감하고 과감하고 철저하게 행동하라"가 바로 그녀의 행동 지침이었다.

그러나 그것으로는 충분하지 않았다. 국방장관이 지휘하는 사병(私兵) 군대가 베를린 경찰본부를 탈환하고, 폭동으로 이어질 만하게 보이는 모든 집회를 야만적으로 진압했다. 그리고 이 와중에서 체포된 로자 룩셈부르크는 재판도 받지 못한 채 무참히 처형당했다.

한편 코민테른은 레닌 사후 최초로 열린 제5차 대회(1924년 6~7월)를 기점으로 스탈린에게 막강한 권한을 쥐어주게 되었다. 히틀러의 독일과 무솔리니의 이탈리아에서 파시즘이 대두되고 제2차 세계대전이 발발할 때까지 코민테른의 정책은 양 극단 사이를 오락가락했다. 코민테른은 때로는 다른 사회당과 통일전선을 추구하는 트로츠키의 정책을 반영했고(독일 공산주의자들은 경쟁세력인 사회민주주의자들을 나치와 똑같이 대함으로써 히틀러의 집권을 도왔다), 때로는 코민테른을 폭 좁은 소련의 외교를 돕는 제1선 조직으로 만든 스탈린의 정책을 반영했다. 세계 각지의 공산당 평당원들은 코민테른의 노선이 이리저리 바뀔 때마다 박자를 맞추느라 정신이 없었다.

급기야 코민테른은 1935년의 제7차 대회를 통해 국제 공산주의 혁명의 지도부라기보다는 '소비에트 권력의 방어' 와 '모스크바에의 충성' 을 각국 공산당의 최고 임무로 규정한 스탈린 노선을 충실히 따르는 기관으로 전락하고 말았다. 상황이 이러한데도 유럽의 공산당들은 잇따른 봉기 실패와 프롤레타리아 혁명의 발상지로서의 소련에 대한 존경심 때문에 소련의 대외정책에 더욱 더 의지하게 되었다.

프랑스에서는 레옹 블룸의 인민전선이 정부에 참여했고, 스페인에서는 공산주의자들이 공화국 정부에서 나름대로 역할을 했다──프란시스코 프랑코 장군의 파시스트 세력에 포위당한 마드리드에서 끝까지 싸운 것이다. 그러나 이 두 나라에서 중심 무대를 차지한 것은 별로 혁명적이지 않은 사회당이었을 뿐, 공산주의자들은 코민테른의 변덕에 좌지우지되느라 중요한 역할을 할 수가 없었다.

극히 작은 규모의 영국 공산당은 한 명의 의원을 배출하는 데 그쳤다. 오히려 맑스의 혁명 호소를 거부한 사회주의 정당들이 『선언』의 제안(토지와 산업의 국가 소유, 무상교육, 누진세)을 가장 성공적으로 결집시켰다. 이들은 대부분 기존 민주체제를 통한 사회개혁과 점진적인 개

대공황이 정점에 달한 1932년 워싱턴으로 몰려온 제1차 세계대전 참전군인들의 보너스 행진. 미국의 금융체제 자체가 거의 붕괴될 뻔했지만 맑스가 예견한 혁명은 일어나지 않았다.

선을 신봉했다. 1926년 영국에서 벌어진 총파업은 하나의 기회를 제공하는 듯 보였지만, 파업 노동자들이 경찰과 축구 시합을 한다는 언론 보도를 접한 맑스주의 혁명가들은 실망할 수밖에 없었다.

뒤이어 닥친 대공황은 대서양 양편에서 혁명의 가능성을 마련하는 듯했다. 1932년 굶주린 참전용사들이 워싱턴에서 천막을 치고 농성을 벌인 미국의 보너스 행진과 영국의 재로 행진*에도 『선언』의 한 구절 한 구절에 동의하는 공산주의자들이 참여했다. 그러나 공산주의자들보다는 평범한 사회주의자들, 사회개혁가들, 인도주의자들이 더 많았다. 그

---

* 1936년 10월, 공황의 여파로 일자리를 잃은 재로(Jarrow) 지방의 광부와 조선노동자들이 굶어죽기 직전인 자신들의 처지를 의회에 호소하기 위해 런던까지 한 달 동안 행진한 사건.

러시아혁명을 다룬 『세계를 뒤흔든 10일』이라는 책을 통해 전 세계 독자들의 열광과 경탄을 불러일으킨 현장 언론인 존 리드.

리고 두 사건 모두 정부로부터 철저하게 무시당했다. 이 시기 동안 맑스주의 혁명가들은 미국인 조 힐("총알만으로는 사람을 죽이지 못하지/ 나는 결코 죽지 않았어, 라고 그는 말했네")*과『세계를 뒤흔든 10일』의 저자 존 리드 같은 좌파의 영웅을 세상에 내놓았다. 1930년대에 공화주의자들 편에서 싸우려고 전 세계에서 몰려든 수만 명의 젊은이들을 끌어 모은 스페인 내전의 영웅 라 파시오나리아**도 그 가운데 하나였다.

또 다른 영웅인 영국의 작가이자 사회주의자 조지 오웰은 스페인 내전에 참여해 공산당 지도부의 지독한 폭력과 혼란──『카탈로니아 찬가』에 그 개요가 그려져 있다──을 몸소 경험하면서 머릿속에 의혹의 씨앗을 키워 갔다. 훗날 오웰은 자신의 정치적 우화『동물농장』과 반(反)유토피아 소설『1984년』에서 이른바 빅 브라더(Big Brother)가 지배하는 삶을 소름끼치도록 생생하게 묘사함으로써 스탈린 치하의 소련 공산주의뿐만 아니라 독일과 이탈리아의 파시즘이 상징하는 전체주의에 가장 통렬한 비판을 가했다. 오웰의 이 두 소설은 빅 브라더처럼 한 개인이 다른 누군가를 위해 지배할 절대권력을

---

* 조 힐(Joseph Hillström, 1879~1915)은 세계산업노동자조합의 지도자로서, 살인을 저질렀다는 억울한 누명을 쓴 채 처형당했다.
** 라 파시오나리아(La Pasionaria)는 어원적으로 '수난의 꽃' 또는 '정열의 꽃'을 뜻하는 말로서 스페인 공산당의 창립자 중 하나인 이바루리(Dolores Ibarruri, 1895~1989)의 필명이기도 하다. 이 말은 이후 전투적인 여성혁명가라는 새로운 의미를 갖게 된다.

갖고 있다고 주장할 때 어떤 사태가 벌어지는지를 낱낱이 보여주었는데, 그 날카로움과 통렬함은 아직까지도 타의 추종을 불허할 정도이다.

중국과 문화대혁명

비록 『선언』의 지은이들과 레닌은 한번도 만난 적이 없었지만, 그들은 스탈린과 그의 경쟁자들을 괴롭힌 한 가지 문제에 관해서는 동의했을 것이다. 맑스와 엥겔스, 레닌은 농민계급이 혁명의 기관차가 될 수 있다고 믿었다. 그들이 보기에 혁명의

조지 오웰의 책 『동물농장』과 『카탈로니아 찬가』는 각기 장르는 다르지만 스탈린 치하의 소련 공산주의와 전체주의를 가차없이 비판한 것으로 유명하다.

핵심 추진력은 산업 프롤레타리아트였다. 농민들은 잘해야 시대에 뒤진 존재였고, 최악의 경우에는 혁명의 진전을 가로막는 장애물이었다. 그렇지만 중국의 마오쩌둥은 그들이 틀렸음을 증명했다.

여러 혁명가들이 『선언』에서 제시된 꿈을 실현하려고 애쓰던 혁명 이전의 러시아와 중국은 여러모로 비슷했다. 러시아에서와 마찬가지로 중국에서도 인구의 대부분(러시아는 80퍼센트, 중국은 90퍼센트)을 차지했던 것은 농민들이었고, 두 나라 모두 오랜 전쟁으로 산업화의 기반이 별로 없었다. 그러나 레닌과 마오가 이 상황을 극복하려던 '방법'은 서로 달랐다. 자국 내 프롤레타리아트가 전무한 상황에서 레닌이 '직업 혁명가들'의 전위조직에 기대를 걸었다면, 마오는 압도적인 수의 농민들에게 기대를 걸었던 것이다.

신화적인 대장정 당시 중국 공산주의자들의 회의를 주재하는 마오쩌둥의 모습. 마오의 당원들은 민족주의 경쟁세력의 손아귀에서 벗어나기 위해 1만 킬로미터가 넘는 머나먼 길을 헤쳐나가야 했다.

마오는 농민들을 '혁명의 주요 세력'으로 규정하는 자신의 생각을 이른바 '일궁이백론'(一窮二白論)으로 정당화한 적이 있다. 즉, 당시 중국의 인민은 빈곤하고 낙후되었지만, 그렇기 때문에 오히려 자본주의에 더 오염되지 않았고 더 혁명적일 수 있다는 논리였다. 이 논리에 따라 마오는 농민들에 기반한 게릴라 전쟁을 벌였고, (중국 공산당 내의 혼란, 중국의 현실과 동떨어진 코민테른의 노선으로 인한) 잇따른 패배에도 불구하고 결국 1949년 10월 1일 중화인민공화국을 건설했다.

따라서 어떻게 보면, 중국에 도래한 공산주의는 『선언』에서 제시된 '혁명'을 통해서가 아니라 고풍스러운 군사적 승리를 통해 이루어진 것이었다. 그도 그럴 것이 중국 혁명가들은 1927년부터 유럽 열강, 일본 제국주의, 군벌 장제스가 이끄는 국민당의 폭압에 맞서 약 22년간 오랜 전쟁과 내전을 반복해왔던 것이다.

1949년 혁명을 달성한 뒤 중국 혁명가들도 러시아 혁명가들과 똑같은 문제에 직면하게 되었다. 혁명 이후의 중국도 공산주의 사회의 완성에 필요한 경제적 토대가 전혀 존재하지 않았고, 그에 따라 경제 부흥을 위한 산업화가 당면 과제로 떠오른 것이었다. 중화인민공화국의 등장을 만방에 알린 톈안먼 광장의 연설에서 "우리는 가난하다. 우리는 중국을 근대화하고 산업화시켜야 한다"라고 선언했을 때, 마오는 이미 급격한 산업화 정책을 예고한 셈이나 다름 없었다.

그러나 마오는 레닌이나 스탈린처럼 농민들의 희생을 전제로 한 산업화를 실시할 수 없는 처지였다. 일단 중국 혁명가들이 소련의 실패 경험을 잘 알고 있었을 뿐더러 중국 공산당 내에 농촌 출신 간부들이 상당수 존재하고 있었기 때문이다. 따라서 마오는 농촌의 상황을 잘 알고 있는 이 간부들을 적극적으로 활용하는 길을 선택했고, 여기에다가 소련의 적절한 경제 원조(소련은 1950년과 1953년 두 차례에 걸친 원조 조약에 근거해 52억 9천4백만 원의 차관을 중국에 제공했다)가 겹쳐져, 결국 소련에 비해 쉽사리 농업을 집단화하는 데 성공했다.

외형적인 경제 성장에 힘입어 한동안 은폐되던 문제가 봇물처럼 터지게 된 것은 소련식 산업화 모델을 본뜬 제1차 5개년 계획(1953~57년)이 별다른 성과 없이 끝난 직후부터였다. 당시 전체 인구의 13.3퍼센트에 불과했던 도시 노동자의 수를 비약적으로 높이고 이들을 응집력 있는 계급으로 조직해 산업화에 박차를 꾀하려 한 제1차 5개년 계획은 새로운 세계관을 주입한다는 미명 아래 노동자들을 강제로 '재교육'(더

한편으로는 장제스를 필두로 한 민족주의자들과, 다른 한편으로는 일본 침략군과 두 개의 전선에서 싸우고 있던 1944년의 마오쩌둥. 일본인들은 이듬해에 물러났고, 민족주의자들은 5년 뒤 본토에서 밀려나게 된다.

끔찍한 표현으로는 '개조')하는 무리수를 두었지만, 물질적 보상에 대한 환상(이 당시의 구호 가운데 하나가 "계획을 돌파해서 더 많은 임금을!"이었다)만 심어주었을 뿐 농업과 공업의 괴리, 농촌과 도시의 괴리, 대중과 간부의 괴리만 심화시키는 결과를 빚었다.

마오는 이 실패를 만회하려고 1958년부터 이른바 '대약진운동'을 실시하게 된다. 제1차 5개년 계획의 실패로 불거진 관료주의, 농촌의 피폐화, 경제적 불평등, 특권 엘리트층의 출현 같은 문제들을 일거에 해결하려고 계획된 대약진운동은 노동자들의 창조성과 적극적인 참여 의지에 호소해 자발적인 노동을 극대화하려던 계획이었다. 마오의 이 계획은 같은 해 8월 29일 설립된 인민공사(人民公社)로 구체화되었다. 파리코뮌을 모델 삼아 만들어진 인민공사는 농촌의 농업, 공업, 상업, 교육, 군사 전 부문을 담당하는 사회의 기본 단위로서 현(懸)마다 한 개씩 설립되었다. 그러나 9월 말까지 전체 농가의 98퍼센트를 재편하면서 2만 4천개나 만들어진 인민공사도 이후 3년간 지속된 대흉작(이 흉작으로 2천만 명이 굶어죽었다), 1956년부터 서로를 혐오하게 된 스탈린의 후계자 니키타 흐루시초프와 마오의 대립, 그리고 그에 따른 소련의 원조 중단으로 별반 성공을 거두지 못했다.

대약진운동의 실패로 일선에서 물러난 마오를 대신해 산업화를 이끌게 된 덩샤오핑은 농업·경공업·중공업의 비례를 조정하고 노동력 분배를 체계화하기 위해 중앙 당국의 권한을 강화했다. 그러나 지방에서 지역의 당 간부와 결탁한 부농이 출현하고, 물질적 보상으로 인한 차별화로 노동자들간의 경쟁이 격화되며, 노동자들과 기술관료들 사이의 차별이 격심해지는 문제가 새롭게 발생하게 되었다.

한동안 권력의 뒷전에 있었던 마오가 덩샤오핑을 실각시키며 다시 등장하게 된 것은 바로 이때였다. 바야흐로 문화대혁명의 시작이었다. 1966년부터 시작된 문화대혁명은 외견상 덩샤오핑의 경제 정책으로 빚어진 모순(특히 소련의 노멘클라투라에 비견할 만한 신흥 기술관료들의 등장)을 극복하려는 운동이었지만, 본질적으로는 소련 공산주의가 빠져든 바 있던 부패에서 중국을 건져내려던 마오 특유의 시도였다.

이 점은 마오가 문화대혁명을 주장하며 내세운 '계속혁명론'에 잘 나타나 있다. 당시의 중국은 공산주의로 향해가는 '과도기'에 있기 때문에 여전히 계급 투쟁에 힘써야 한다는 것이 계속혁명론의 골자였다. 즉, 생산수단의 국유화와 농업 집산화로 전통적 지배계급이 소멸되거나

문화대혁명의 절정기에 마오의 초상화를 들고 행진하는 홍위병들.

약화된 것은 사실이지만 새로운 자본가계급과 특권계급이 탄생할 물적 근거는 남아 있기 때문에 이를 막아야 한다는 논리였다.

　더 나아가 마오는 이미 유명무실했던 인민공사를 앞세워 '공산주의의 맹아'인 '신생사물'(新生事物)을 발전시켜야 한다고 주장했다. 신생사물이란 혁명의 당위성을 알리는 예술, 도시 지식인들의 농촌으로의 하방, 간부의 노동 참여, 정신노동과 육체노동의 차별 타파 등을 뜻하는 것으로서, 곧 문화대혁명의 이상이 되었다. 그 뒤 인민공사가 주요 도시를 장악하고, 1,700만 명에 달하는 청년 지식인들이 직접 육체노동을 하러 농촌으로 향하고, 마오의 충실한 추종자임을 자임하던 홍위병들이 『마오주석 어록』을 옆구리에 낀 채 전국을 휩쓰는 데에는 그리 오랜 시간이 필요하지 않았다.

그러나 문화대혁명은 공산주의의 맹아를 발전시키기기는커녕 마오의 부인인 장칭을 비롯한 '4인방' (四人帮)의 주도 아래 40여만 명의 인명을 앗아가고, 기존 산업을 마비시켜 경제를 무정부 상태에 빠뜨리는 결과를 낳았다. 1976년 마침내 장칭이 체포되자(마오가 죽고 채 한 달도 되지 않은 때였다) 문화대혁명은 종말을 맞이했

마오의 후계자 덩샤오핑. 그는 맑스나 레닌 혹은 마오가 보았더라면 싫어했을지도 모를 방식으로 중국에 자본주의를 재도입했다. 이러한 '노선전환' 은 오늘날까지도 진행중이다.

다. 상하이에서만도 백만 명 이상이 거리로 몰려나와 떠들썩하게 축하했고, 실각됐던 덩샤오핑이 복권되어 권력을 차지하게 되었다.

덩샤오핑은 1978년에 열린 제11기 3차 전원회의를 통해 '역사적 노선전환' (시장경제 도입)을 천명했지만, 문화대혁명의 유산이라고 할 만한 가두위원회는 버리지 않았다(정권의 눈과 귀가 된 가두위원회는 농촌에 설치된 1억 개가 넘는 확성기로 당 음악과 선전물을 틀어댔다). 그리고 유럽에서 공산주의가 해체되기 시작하던 1989년 6월 4일, 덩샤오핑은 군대에게 명령을 내려 중국의 민주화를 요구하며 베이징의 톈안먼 광장을 가득 메운 시위 군중 2,600명을 학살했다.

1968년과 1989년의 사건들

소련 군대가 헝가리로 진군하던 1945년 2월, 얄타에 모인 처칠, 루즈벨트, 스탈린은 종전 뒤 공산주의의 동유럽 지배를 향한 길을 닦고 유럽을 분할하게 될 협정에 마지막 손질을 가하고 있었다. 이 회담은 카사블랑

1956년 소련을 등에 업은 자국의 공산당 통치에 맞선 봉기 당시 헝가리 국민들이 비밀경찰을 체포하는 모습.

카(스탈린은 여기에 초대되지 않았다)에서 시작되어, 국제연합을 설립하고 점령당한 국가들에 자유와 민주주의를 되찾아 주어야 한다는 합의와 함께 포츠담에서 끝을 맺은 일련의 정상회담 중 가장 중요한 것이었다 (처칠은 루즈벨트와 스탈린이 자신을 빼면서까지 진심에서 우러나오는 관계를 수립하는 데 격노했다). 그리고 곧 '자유'에 관한 스탈린의 정의에는 모스크바에 대한 종속도 포함된다는 점이 분명해졌다.

바르샤바, 프라하, 부다페스트, 부쿠레슈티, 티라나 등 동구권 각국의 수도에서 소련을 등에 업은 공산당들이 (종종 무지막지하게 난폭한 방식으로) 권력을 장악하는 가운데, 냉전으로 이어지게 될 유럽의 거대한 분할이 이런 식으로 이루어졌다. 공산당 이외의 정당은 해체되었고, 경쟁자가 될 공산이 큰 지도자들은 처치되었다(체코슬로바키아의 얀 마사리크*는 1948년 자기 집무실 창 밖으로 던져진 게 확실하다). 음산한 몽골의 꼭두각시 스탈린주의자들이 핵심 요직을 차지했다. 민중봉기나 정치적 해빙으로 현지 노멘클라투라나 그들의 이념이 전복될 위험이 커졌을 때, 소련은 자신의 지배를 강요하려고 탱크부대를 개입시켰다――1956년에는 헝가리에, 1968년에는 체코슬로바키아에.

유고슬라비아에서는 티토 원수가 이끄는 맑스주의 게릴라들이 소련의 원조를 받지 않은 채 전국을 효과적으로 장악했다. 얼마 지나지 않아 티토와 스탈린은 서로를 비난했고, 티토 정권의 장관들은 맑스를 읽고 모스크바 노선과 다른 노선을 개척하라는 요청을 받았다. 그 결과 나타난 것이 '탈집중'('노동자 소유' 공장), 탈관료화, '노동자 자주관리'였다. 유고슬라비아는 집단농장이라는 스탈린주의의 원칙도 물리쳤다. 유고슬라비아 공산주의는 더 인간적이고 성공한 형태의 공산주의였지만, 유고슬라비아라는 표면 아래에서 부글부글 끓고 있는 여러 민족의 격렬한 민족주의를 감추고 있었다.

1948년 스탈린이 서베를린을 외부 세계로부터 봉쇄함으로써 서구에 도전했을 때, 서베를린은 살아남기 위해 매일 비행기로 8천 톤에 달하는 생필품을 공급받았다. 도시를 반으로 가르는 베를린 장벽이 냉전의 상징이 되기 14년 전의 일이었다. 처칠이 말한 '철의 장막'은 서구에

---

* 얀 마사리크(Jan Masaryk, 1886~1948)는 체코슬로바키아의 정치가로서 망명정부(제2차 세계대전 당시)와 연립내각(종전 뒤)에서 외무장관으로 재직했다. 소련과 서구 열강들 사이에서 중립을 지키는 노선을 견지하다가 1948년 3월 10일 주검으로 발견됐다(정부가 발표한 공식 사인은 '자살'이었으나 숱한 의문이 제기됐다).

아직 밀림에서 싸우고 있을 때인 1957년, 쿠바의 혁명 지도자 피델 카스트로의 모습.

서 공산주의에 대한 깊은 의심을 만들어냈고, 두 진영은 동구와 서구를 가르는 경계선 너머로 서로를 뚫어져라 쳐다보았다.

　이 무렵에 이르면 공산주의라는 "유령이 유럽을 떠돌고 있다"는 『선언』의 유명한 첫 구절이 마침내 현실이 되었음이 분명해졌다. 문제는 공산주의가 진짜 유령으로 나타나는 곳마다 (파리코뮌 당시처럼) 당국이 무분별하고도 잔인한 대응을 한다는 점이었다. 이 사실을 가장 극명하게 보여주는 곳은 아메리카 대륙이었다. 라틴아메리카의 군사정권들은 공산주의자들을 야만적으로 학살했고, 미국에서는 사악한 상원의원 조셉 매카시의 주도로 거의 존재하지도 않는 공산주의자들의 위협에 대한 마녀사냥이 벌어지는 집단 히스테리가 발생했다. 그러나 냉전이

미국 본토에 가깝게 다가온 것은 통상적인 소련 첩자들로 인한 공포보다는 쿠바에서 피델 카스트로라는 이름의 맑스주의 게릴라 지도자가 등장한 결과였다. 이웃한 두 나라는 1962년 쿠바 미사일 위기 때문에 세계를 핵전쟁으로 인한 절멸 위기 직전까지 몰고 갔다.

오늘날 '68년혁명'으로 알려진 1968년의 대격변이 터져나온 것은 바로 이러한 상황에서였다. 미군에 맞선 베트남군의 구정 공세, 프라하의 봄, 서독의 학생 봉기, 마틴 루터 킹 2세 암살, 미국의 컬럼비아대학 점거 사태, 멕시코시티 대학살, 프랑스의 학생 봉기와 노동자 총파업이 모두 일어난 1968년은 1848년에 이어 세계 역사상 두번째로 일어난 전 세계적 혁명의 해였다. 그리고 미국의 사회학자 이매뉴얼 월러스틴의 말처럼 "1848년과 1968년의 혁명은 둘 다 역사적인 실패로 끝났지만, 둘 다 세계를 뒤바꾸어 놓았다".

짧게 잡으면 1970년대 말, 길게 잡으면 1980년대 말까지 세계를 뒤흔드는 여파를 끼쳤던 68년혁명은 『선언』으로의 복귀이자 『선언』의 확장이기도 했다. 특히 68년혁명과 함께 등장한 '신좌파'는 자신들이 '구좌파'라고 부른 각국 공산당(특히 소련 공산당)을 철저하게 비판했다. 확실히 신좌파는 구좌파와 달랐는데, 양자의 차이점을 살펴보면 68년혁명이 어떤 점에서 『선언』으로의 복귀였으며, 또 어떤 점에서 『선언』의 확장이었는지를 분명하게 알 수 있다.

신좌파는 구좌파처럼 소수에 의한 다수의 경제적·정치적 착취에 반대했다. 그러나 신좌파는 구좌파와 달리 '착취'의 개념을 좀더 넓게 해석해 문화적 착취, 관료적 착취, 성적 착취, 인종적 착취까지 모두 문제삼았다. 요컨대 신좌파는 구좌파가 전통적으로 중시했던 경제적·정

1968년 5월 7일 파리의 대학가 라탱 지구에서 벌어진 시위 장면. 68년혁명의 도화선은 '혁명의 고향' 프랑스에서 벌어진 학생 시위였다. 당시 소르본대학 담벼락에 쓰여져 있던 "모든 권력을 상상력에게로!"라는 낙서는 신좌파의 문화혁명적 특징을 단적으로 보여주는 예이다.

치적 문제뿐만 아니라 일상생활의 문제(여성억압, 인종차별, 동성애공포증, 아동학대, 대중문화 등)에도 관심을 기울였던 것이다. 68년혁명 당시의 가장 대중적인 구호가 "프롤레타리아트의 독재"가 아니라 "민중에게 권력을"이었다는 점은 이런 점에서 시사하는 바가 크다.

또한 신좌파는 구좌파와 달리 소수의 일사불란한 전위조직보다는 다수 대중의 직접행동을 강조했다. 비록 탄압이 심해지면서 소수의 무장투쟁을 꿈꾸기도 했지만(특히 독일, 일본, 이탈리아에서 이 경향이 뚜렷했다) '위로부터의 혁명'이 아니라 '아래로부터의 혁명'을 추구했던 신좌파는 연좌농성, 토론집회, 공공장소 점거 같은 다양한 방식을 통해 민주적으로 운동의 대의를 확인하고 결정하려고 애썼다. 어떤 점에서는 신좌파의 인적 구성 자체가 이러한 차이점을 만들어냈는지도 모른다. 왜냐하면 신좌파의 핵심세력은 프롤레타리아트라기보다는 학생, 청년, 소수민족과 소수인종, 성적소수자, 여성, 그리고 룸펜프롤레타리아트였기 때문이다.

그러나 더 중요한 사실은 구좌파가 『선언』의 내용, 즉 모든 계급은 시대와 장소에 따라 각자 상이한 역할을 담당한다는 맑스와 엥겔스의 분석을 완전히 망각하고 있었다는 점이다. 예컨대 1848년 파리의 룸펜프롤레타리아트는 나폴레옹 3세에게 매수되어 반혁명 세력에 가담했지만, 1968년 파리의 룸펜프롤레타리아트는 혁명에 앞장서는 상황이 벌어졌는데 구좌파는 뒷짐만 지고 있던 셈이었다.

결국 68년혁명은 신좌파의 적이라기보다는 동지에 가까워야만 했을 기존 공산당과 노동조합의 숱한 오해와 몰이해, 그리고 각국 정부의 폭력적인 진압에 밀려 실패하고 말았다. 그러나 신좌파가 제시했던 여러 의제들은 훗날 여성운동, 반핵운동, 환경운동, 민권운동, 동성애자운동 등에서 다시 꽃을 피웠다.

68년혁명의 실패에도 불구하고, 아니 어쩌면 68년혁명의 '위대한 실패' 덕택에 혁명의 기운은 이른바 제3세계로 옮겨갔다. 1974년에는 '혁명적' 군장성들과 공산당의 합작으로 포르투갈의 우파정부가 전복되었고, 같은 해에 에티오피아에서도 좌파 군사정부가 들어섰다. 1976년에는 베트남이 마침내 민족해방을 이루어냈고, 베트남을 뒤이어 캄보디아, 라오스, 마다가스카르, 콩고, 남로디지아, 짐바브웨, 니카라과, 이란 등지에도 맑스주의를 표방한 혁명이 일어났다.

상황이 이렇게 돌아가자 냉전 이론가들은 공산주의를 전 세계에서 서서히 혁명을 꾸미는 떼려야 뗄 수 없는 하나의 블록으로 보는 세계관을 발전시켰다. 한 나라라도 공산주의자들의 수중에 떨어지면 전 세계가 연쇄적으로 휘말릴 것이라는 '도미노 이론'은 공산주의에 저항할 힘이 있어 보이는 어떤 독재자라도, 또 아무리 많은 비용을 치르고서라도 지원하는 것을 정당화하는 데 이용되었다.

1945년 호치민이 베트남의 프랑스 식민 통치자들에 맞선 행동을 준비하기 위해 노새에 안장을 얹고 있다. 호치민은 조국의 해방을 보지 못하고 죽었지만, 1976년 베트남의 혁명가들은 결국 민족해방을 이루어냈다.

루스벨트 대통령은 니카라과의 독재자 아나스타시오 소모사에 관해 이렇게 말했다고 한다. "그 작자가 개자식일지 모르지만, 어쨌든 우리의 개자식이라오." 사실 공산주의 블록의 두 주요 국가(소련과 중국)가 서로를 깊이 불신하고 있었지만, 이 점은 지나고 나서야 자명해졌을 뿐이다. 1970년대 중반 맑스주의는 도저히 저지할 수 없을 것처럼 보였고, 제국의 영토를 온건한 지도자들에게 건네준다는 과거 유럽 제국주의 강대국들의 정책은 냉전의 압력 아래 실패로 돌아가는 듯했다.

그러나 1980년대에 이르면 아프리카와 라틴아메리카를 중심으로 맑스주의를 자칭한 여러 혁명정부들이 스탈린 치하의 소련 같은 모습을 드러내게 된다. 이와 더불어 소련과 동유럽 위성국가들의 혼합경제가 (체제가 반대 의견을 일절 허용하지 않아 개혁이 불가능한데다가 암시장에 의해 질식당한 채) 나선형을 그리면서 쇠퇴와 비효율로 빠져듦에 따라 이 나라 국민들의 삶은 점점 더 음울해졌다. 게다가 국가 감시와 밀고로 복잡하게 뒤얽힌 체제가 개인들의 일거수일투족을 옭아맸다.

결국 『선언』의 정신을 힘들게 되살려놓은 68년혁명은 1984년 소련 서기장으로 등장한 미하일 고르바초프가 주관한 급속한 개혁, 그에 뒤이은 1989년 베를린 장벽의 해체, 그리고 동유럽의 이름뿐인 대다수 맑스주의 정권들의 몰락으로 자취를 감추게 되었다.

WORDS
THAT
CHANGED
THE WORLD

Aftermath

여파

1980년대 말 진지한 대안적 세계 모델로서 인정받던 공산주의가 몰락한 것은 완전히 갑작스러운 사건은 아니었지만, 15년 전까지만 해도 그런 일이 벌어질 것이라고 예상하기는 힘들었다. 베트남전쟁 패배와 사이공 함락은 서구 반공국가들의 지도자인 미국으로서는 큰 패배였기에(1979년 소련의 아프가니스탄 침공도 마찬가지였다), 얼마간은 도미노 이론이 정확히 들어맞는 듯했다.

그러나 유럽에서는 새로운 종류의 맑스주의가 발전하기 시작했다. 1976년 발표한 『유로코뮤니즘과 국가』라는 책으로 엄청난 영향을 끼친 스페인 내전 참전용사 산티아고 카리요의 노력 덕분에, 스탈린주의적 통치의 난폭성과 거리를 두는 '유로코뮤니즘'이 등장한 것이다. 카리요와 그의 추종자들은 인권을 옹호하고, 혁명 이후 사회에서도 사적 부문이 완전히 없어지지 않음을 인정했으며, 소련에서도 불평등이 계속되고 있는 현실을 지적함으로써 이른바 '정통 맑스주의자들'의 분노를 불러일으켰다. 특히 이들은 민주적인 선거를 통해 권력에서 밀려날 경우 유권자들의 평결을 받아들인다는 데 뜻을 모았다. 그러나 자본주의 경제가 오랜 침체에서 벗어나 호황기에 접어들자 유럽의 공산당들은 쪼개지기 시작했고, 득표율도 (34퍼센트로 가장 높았던 이탈리아에서조차) 떨어지기 시작했다.

『선언』의 원칙이 조악한 형태로나마 완강하게 유지된 것은 동남아시아, 아프리카, 라틴아메리카의 게릴라 운동에서였다. 종종 쿠바나 소련의 원조 아니면 직접 개입의 형태로 지원을 받은 이 무장세력들은 곧바로 격렬한 내전을 전개했고 이 내전은 (예멘과 에티오피아의 경우처럼) 대륙 전체의 기근, 심각한 외채, 경제 몰락으로 귀결되었다. 애당초

1961년 8월 15일부터 건설되기 시작해 1975년 말까지 계속 보강된 베를린 장벽은 서구 자본주의의 공산주의에 대한 두려움으로 시작된 냉전의 대표적인 상징물이다. 1989년 11월 9일 베를린 장벽이 무너졌을 때 전 세계를 극렬한 대립으로 몰아넣었던 냉전도 종말을 고했다.

열렬한 반공 군사통치자들의 무시무시한 억압이 이러한 반란에 생명을 불어넣은 경우도 있었다.

맑스와 엥겔스의 영향력은 맑스주의 혁명가들을 고무시킨 만큼이나 서구의 냉전 전사들로부터 자금을 공급받은 게릴라 소탕 투사들을 두려움에 떨게 만들었다. 이 게릴라 소탕 투사들은——고문과 암살대를 비밀리에 널리 활용해——아프리카뿐만 아니라 칠레·아르헨티나·브라질·우루과이 등지의 야만적인 군사정권을 뒷받침했고, 라틴아메리

1992년 페루의 마오주의 게릴라 단체 빛나는길의 지도자가 체포된 뒤 언론에 공개되는 모습. 게릴라 투쟁은 1970년대부터 봇물처럼 터져나왔는데, 몇 나라를 제외하고는 모두 원래의 대의에서 벗어나는 모습만을 보여주었다.

카에서 유일하게 민주적으로 선출된 맑스주의자 대통령인 칠레의 살바도르 아옌데를 타도하는 데에도 한몫을 했다.

이렇듯 세계가 눈치채지 못하는 가운데 냉전의 실제 전장은 세계에서 가장 가난한 지역으로 옮겨갔다. 이 지역들이야말로 냉전을 치르는 양쪽 진영의 희망과 공포를 대표했기 때문이었다.

역사는 이 시기를 게릴라 투쟁의 시대로 기억할 것이다. 니카라과에서는 맑스레닌주의 세력인 산디니스타민족해방전선이 일시적인 승리를 거두었지만, 미국이 돈과 무기를 지원한 반군에게 밀려났다. 페루에서는 마오주의를 표방한 게릴라 단체 빛나는길이 정부군을 능가할 만큼 격렬한 군사작전을 불러일으켰다. 게릴라 투쟁의 물결은 유럽과 아시아에도 등장했다. 특히 서독의 적군파, 이탈리아의 붉은여단, 일본의 적군파는 '도시 게릴라'라는 새로운 형태를 선보였다(물론 이 단체들을 맑스주의 단체로 볼 수 있는가는 논란의 여지가 많다).

　냉전은 아프리카 전역을 가로질러 권력을 장악한 공산주의 폭군들과 서구의 지원을 등에 업은 군사독재자들 사이를 표류했는데, 양쪽 모두 크나큰 희망을 안고 독립을 이룬 아프리카 대륙을 앞서거니 뒤서거니 하며 난도질했다. 그러나 맑스주의자들이 아프리카에서 내딛은 가장 커다란 진전은 제일 오랫동안 제국에 집착했던 유럽 강대국——포르투갈——이 지배하는 영토에서 이루어진 것이었다. 그 결과 모잠비크, 앙골라, 기니비사우 같은 과거 포르투갈 식민지들은 맑스주의 정부 수립과 그에 뒤이은 장기간의 내전을 겪어야만 했다.

　미하일 고르바초프가 극적인 개혁에 성공하고, 동유럽의 해방이 현실로 닥쳐오고, 중국이 자본주의를 일부 받아들이자, 쿠바를 비롯한 몇몇 요새만이 커다란 물결에 맞서 버티게 되었다. 그리고 소련의 지원이 없는 상태에서 이들 몇몇 나라의 자원만으로는 혁명을 위한 자금을 마련하기에 힘이 부쳤다. 냉전이 종식됨에 따라 수많은 게릴라 전쟁의 배후에 숨어 있던 추진력이 사라졌고, 평화교섭을 중재하는 일도 가능해졌다. 결국 남아프리카공화국의 백인정부는 인종차별 체제를 해체할 만큼 충분한 자신감을 갖게 되었고, 선거를 통해 아프리카민족회의를 국가 운영의 동반자로 흔쾌히 인정하게 되었다.

현실에서 이론으로

맑스주의가 세계를 변혁하기를 중단한 1980년대 말부터 맑스주의는 해석의 대상이 되어왔다. 맑스가 1848년 혁명의 좌절 뒤 대영박물관에 틀

어박혔듯이, 1968년 혁명의 실패 뒤 맑스주의는 대학으로 들어갔던 것이다. 사실 이 경향은 맑스주의가 여전히 막강한 위력을 자랑하던 제2차 세계대전 이후부터 있어왔다. 현실에서 어느 정도 성공을 거두었던 동유럽의 맑스주의자들과는 달리, 자본주의가 안착되어가던 서유럽의 주요 맑스주의자들은 정치보다는 철학으로 맑스주의의 연구 중심을 옮겨놓으며 맑스주의의 해석에 전념하게 되었던 것이다(한 역사학자는 이 서구 맑스주의자들이 대부분 대학교수였다는 점을 들어 이들에게 '강단 좌파'라는 이름을 붙여주기도 했다).

물론 이 두번째의 '이론으로의 퇴각'이 『자본』을 낳은 첫번째 퇴각만큼 생산적이었느냐는 좀더 따지고 볼 일이지만, 그렇다고 해서 전혀 무의미하지만은 않았다고 말하는 것이 정당한 평가일 것이다. 특히 68년혁명에 사상적 기반을 제공해주었거나 68년혁명이 끝난 뒤 그 유산을 체계적으로 이해하려고 노력했던 이론가들은 맑스주의의 내용을 풍부하게 만드는 데 큰 공헌을 했다고 볼 수 있다.

앞서 살펴본 인터내셔널의 역사를 통해서도 알 수 있듯이 이론투쟁은 맑스주의의 고유한 영역 가운데 하나라고 할 수 있다. 그러나 지금 문제가 되고 있는 이론투쟁은 1956년 2월 14일 개막된 소련 공산당 제20차 당대회를 통해 외부에서 그 계기가 주어졌다. 스탈린의 뒤를 이은 흐루시초프가 스탈린 격하운동을 개시함으로써, 최초의 사회주의 국가 소련의 정치적·군사적 권위에 힘입어 명맥을 유지하던 이른바 맑스레닌주의(이 표현을 만들어낸 것도 스탈린이었다)에서 벗어날 수 있는 계기가 마련된 것이다. 비록 다분히 개량적인 성격이 강해 실패한 이론적 기획이 될 수밖에 없었지만, 유로코뮤니즘이 등장해 도그마에 가까웠던 소련의 공식 철학에서 벗어나 자유롭게 숨을 쉴 수 있는 계기를 마련해 줄 수 있게 된 것도 바로 이 때문이었다.

이와 같은 맑스주의의 재해석 과정에서 가장 눈에 띠는 현상은 맑스주의와 여타 학문분과의 다양한 결합 혹은 조합이었다. 원래 맑스주의 자체가 역사학, 철학, 사회학, 정치학을 모두 아우를 수 있는 폭넓은 지적 기획이기도 했지만, 이 시기에는 '현실 사회주의'의 등장에 고무된 여러 분야의 지식인들 덕택에 그 외연이 더 넓어질 수 있었다. 예컨대 이 시기의 맑스주의는 인류학, 문학, 미학, 언어학, 지리학, 건축학, 생물학(물론 생물학과 맑스주의의 결합은 만델의 유전법칙을 변증법적 유물론에 기초해 이상하게 비판한 소련의 '뤼센코 사건' 때문에 곧 잊혀졌다) 같은 정통적인 학문분과 이외에도 여성학, 정신분석학, 생태학, 해방신학, 정보과학, 문화연구, 과학철학, 포스트포드주의 같은 신생 학문과 서로 영향을 주고받으며 다양하게 결합되었다.

그러나 얄궂게도 『자본』의 등장 이래 맑스주의의 가장 중요한 지적 기획 가운데 하나가 되었다고 할 수 있는 '정치경제학 비판'은 이 시기에 들어와 맥이 끊어졌다. 『제국주의론』(레닌), 『자본의 축적』(로자 룩셈부르크), 『후기자본주의』(에르네스트 만델)처럼 『자본』의 뒤를 이을 만한 연구가 이루어지지 않았던 것이다. 이것이 자본주의의 성공에 맑스주의자들이 압도된 까닭인지 아니면 현실 사회주의의 몰락 이후 맑스와 엥겔스가 제시한 생산양식의 근본적인 변화 자체가 불가능하다는 판단이 유행하게 된 까닭인지는 좀더 두고 볼 일이다.

좌우간 맑스주의의 재해석 과정에서 나온 가장 주목할 만한 성과를 하나 꼽으라면 무엇보다도 '공산주의' 개념 자체의 확장을 들 수 있겠다. 원래 공산주의는 공동체를 뜻하는 라틴어 코뮌(Commune)에서 유래된 말이다. 스탈린이 정식화한 맑스레닌주의에서는 이 공동체라는 개념을 '공동의 존재'에 가까운 뜻으로 해석했다. 즉, 하나의 공인된 의식(또는 한 사회에 강제된 단일한 목표)을 기준으로 거기에서 벗어나는 다른 의식을 공인된 의식에로 종속시키거나 아예 배제하는 일차원적인 사회의 상을 그렸던 것이다.

그러나 맑스주의의 재해석 과정을 통해 공동체 개념이 '함께 존재함'에 가까운 뜻으로 해석될 여지가 생겨났다. 모든 인간을 생산자(프롤레타리아트)로 환원하는 대신에 각자의 다양성과 차이를 인정하는 다차원적인 사회로. 이 새로운 공동체 개념이야말로 "개인의 자유로운 발전이 만인의 자유로운 발전의 조건"이 되는 사회라는 『선언』의 꿈에 더 가깝다고 볼 수도 있다. 그러므로 어떤 점에서 보면 우리는 길고도 험난한 우회로를 거쳐서 다시 『선언』으로 되돌아온 것인지도 모른다.

중간결산

『선언』은 세계에서 가장 많이 출간된 책 가운데 하나이다. 가령 『성경』과 『코란』을 제외하면 가장 많은 부수가 인쇄된 책일 것이다. 실제로 1917년 러시아혁명 전에도 35개국 언어로 544종이 출간된 상태였다. 게다가 맑스주의의 가장 대중적인 개설서라 할 수 있는 『선언』은 오늘날에도 세계 곳곳에서 널리 판매되고 있다.

비록 현실 사회주의가 몰락하기는 했지만 『선언』의 심장부에는 여전히 살아 숨쉬는 불후의 비판이 자리잡고 있다. 어쨌든 인간 역사를 자본(돈)의 힘이 인간성을 지배하게 된 역사로 본 것은 맑스와 엥겔스가

중국 종산(中山)의 공장에서 구두를 만드는 직원들. 서구 다국적 기업들의 제조업 해외 이전으로 이들 공장의 여성들은 새로운 프롤레타리아트가 되었다.

처음이었다. 자본의 힘이 인간 개개인을 자기 자신과 서로로부터 소외시켜왔다는 또 다른 주장도 여전히 진지하게 받아들여야 한다. 철학자 피터 싱어가 "인간 존재의 소외 상태에 관한 통찰"이라고 표현한 내용 말이다. 『선언』에 따르면, 부르주아지는 "개인의 존엄을 교환가치로 녹여 버렸고, 특허장으로 확인받은 파기할 수 없는 수많은 자유들을 단 하나의 파렴치한 자유——상거래의 자유——로 대체했다. 간단히 말해 종교와 정치라는 환상의 장막으로 가려진 착취를 공공연하고 파렴치하며 직접적이고 냉엄한 착취로 바꿔 놓은 것이다."

『선언』에는 '소외'라는 단어가 딱 한 번 나올 뿐이라며 이러한 해석에 동의하지 않을 사람들도 있겠지만, 오늘날에도 이 비판은 여전히 신선하고 적절하며 여전히 불온하다. 현대사회는 어떻게 자본가와 노동자가 공통된 이해를 갖는지 강조하기를 좋아한다. 어쨌든 양쪽 모두 일자리를 갖기 위해서는 투자가 필요하다는 것이다. 이러한 주장을 하는 사람들은 자본가와 노동자가 근본적으로 대립하며 노동자들은 체제 전체를 뒤집어엎는 도구라는 맑스의 언명을 회피하려 한다.

고용 관련 법규를 갖춘 선진국들을 살펴보면 자본은 노동자들이 생존을 겨우 유지하는 정도로만 임금을 지불한다는 『선언』의 주장이 우스꽝스럽게 보이는 것도 사실이다. 헨리 포드는 심지어 백 년 전에 노동자들에게 그들이 만드는 생산물을 살 만큼 충분한 임금을 지불해야 한다는 사실을 깨달았다. 그러나 세계화가 낳은 몇몇 결과들(니카라과나 방글라데시의 노동착취형 공장)을 흘끗 보기만 해도 『선언』의 주장은 너무나도 적절해 보인다. 맑스와 엥겔스로부터 150여 년이나 흐른 지금, 우리는 여전히 하루에 10시간, 1주일에 6일 동안 초국적 기업을 위해 옷을 만드는 노동자들을, 미국 소비자들에게 30달러에 판매되는 청바지 하나를 20센트(노동자 임금이 포함된 액수이다)의 생산비로 생산하는 노동자들을 발견할 수 있다.

오늘날에도 의미를 갖는 『선언』의 또 다른 사상은 역사에 관한 것이다. 맑스의 장례식에서 엥겔스는 인간 역사의 과학적 법칙을 발견한 맑스의 업적은 다윈이 생물학에서 열어제친 새로운 지평과 비견될 만한 것이라고 설명했다. 지금까지 역사는 자신을 이끄는 추동력을 무시한 채 자기의 달콤한 길을 걸어왔다는 것이었다. 훗날 엥겔스는 이렇게 말하기도 했다. 맑스주의의 등장으로 "최초로 역사가 그 실제 토대 위에 자리잡게" 되었으며 "인간은 지배권을 얻기 위해 싸우고 정치, 종교, 철학 등을 추구하기에 앞서, 무엇보다도 우선 먹고 마시고 집과 옷을 마련해야 한다는 사실, 따라서 노동해야 한다는 자명하면서도 과거에는 간

과되었던 사실 —— 이러한 자명한 사실이 마침내 역사적 권리를 얻기에
이르렀다"고 말이다.

맑스 이전에는 역사란 영웅이나 왕의 역사였다. 그러나 맑스 이후
에는 이 높은 이들의 삶을 가능케 했던 민중들이 자신들의 정당한 자리
를 부여받았다. 최초로 역사가 입체적인 모습을 띠게 된 것이다.

"이제까지 사회의 모든 역사는 계급투쟁의 역사이다"라는 『선언』
의 통찰은 역사가들에게 인간 진보의 구조적 변천과 문명의 흥망성쇠를
바라보는 강력한 도구를 제공했지만, 받아들이기에 따라서는 지나치게
단순하기 그지없는 해석으로 비칠 수도 있을 것이다. 확실히 인간은 복
잡한 총체이며, 종교와 도덕은 여전히 인간 발전의 중요한 동력이다. 다
시 말해, 계급투쟁만으로는 우리의 행동을 완전히 이해할 수 없다는 비
판은 옳다. 다윈이나 프로이트의 이론만으로 우리의 행동을 완벽하게
이해하지 못하는 것처럼 말이다. 인간이라는 존재는 이따금 자신을 짓
누르는 어떤 이데올로기도 뚫고 솟아오른다. 교조적 맑스주의의 눈가리
개를 벗어버리고 열심히 귀를 기울이기만 한다면, 우리는 역사의 목소
리들을 통해 이러한 경험을 확인할 수 있을 것이다.

그러나 『선언』의 비판자들은 만년의 맑스가 역사에 대한 자신의 해
석을 이데올로기적으로 잘못 해석하지 말라고 경고했다는 점을 쉽게 잊
어버리곤 한다. 맑스는 역사를 움직이는 경제적 자극들을 강조하려고
했을 뿐, 경제가 유일한 결정요인이라고 주장하지는 않았다. 맑스가 엥
겔스에게 "내가 아는 것이라곤 나는 맑스주의자가 아니라는 것뿐이네"
라고 농담을 한 이유도 바로 이 때문이었던 것이다. 맑스는 공산주의에
관해 "역사의 수수께끼가 풀렸다"고 말하곤 했다. 사실 맑스는 역사의

수수께끼를 풀지 못했고, 적어도 아직까지는 그 누구도 풀지 못했다. 더구나 오늘날에는 역사에 아무 의미도 담겨 있지 않다는 견해가 널리 유행하고 있다. 그러나 맑스는 수수께끼를 더욱 분명하게 만들었고, 이 때문에라도 존경받을 자격이 있다.

　물론 맑스로서는 이와 같은 평가에 별로 만족하지 않을 것이다. 맑스에게는 철학보다는 행동이 더 중요했기 때문이다. 자신의 사상을 발전시키는 과정에서 엄청난 영향을 준 철학자 루트비히 포이어바흐에 관해 자신이 직접 쓴 테제 가운데 하나를 맑스가 자신의 무덤에 새겨놓았다는 것이야말로 이를 보여주는 충분한 증거이다. "지금까지 철학자들은 여러 가지 방식으로 세계를 해석했을 뿐이다. 그러나 문제는 세계를 변혁하는 것이다." 확실히 맑스는 세계를 변혁했지만 그가 기대하거나 의도한 대로 바꾸지는 못했다. 그러니 맑스의 역사 해석과 그로부터 발생하는 의문들은 이제 우리가 풀 숙제로 남아 있는 셈이다.

새로운 영향력

1990년대 중반 들어 미국이 지배하는 세계무역기구(WTO)와 국제통화기금(IMF)의 주도로 세계경제가 급격히 재편되는 '세계화'가 본격화되자, 『선언』의 이념은 새로운 생명력을 얻게 되었다. 약 4만여 개에 달하는 다국적 기업들(이들 중 50개 기업들이 세계경제 수익의 2/3 이상을 차지하고 있다)의 빈번한 합병, 그로 인한 다운사이징과 구조조정, 고용불안정 등으로 인해 (상위 소득자 20퍼센트가 전 세계 인구의 80퍼센트를 부양한다는) 20 대 80의 사회가 형성되는 와중이었다. 미국의 『뉴욕타임스』가 "오늘날 미국인들의 55퍼센트가 스스로를 노동계급이라고 정의

2003년 파리의 반세계화 시위대. 반세계화 운동은 인간생활을 지배하는 돈의 권력에 대한 맑스와 엥겔스의 비판의 일부를 고스란히 반영하고 있다.

한다"(1997년 3월 5일자)라는 기사를 내보낸 데 뒤이어 영국의 『이코노미스트』가 "여론조사에 따르면 영국 내에 '계급투쟁'이 존재한다고 믿는 투표자들의 비율이 1960년대 초기의 60퍼센트 가량에서 1990년대 중반 들어 80퍼센트로 증가했다"(1997년 9월 27일자)는 기사를 내보내게 되자, 맑스주의자가 아닌 사람들까지도 『선언』의 내용에 다시 귀를 기울이게 되었다.

　　전 세계적 기업권력의 토대에 자리잡은 모순을 비판하는 반세계화 운동가들, 자본주의가 낭비를 일삼고 인간관계를 파괴하며 통제 불가능하다고 불평하는 오늘날의 정치인들(자유주의자든 녹색주의자든, 사회주의자든 보수주의자든)도 『선언』이 처음 제기한 문제를 진지하게 받아들이고 있다. 한마디로 말해 이제 사람들은 적어도 『선언』이 자본주의의

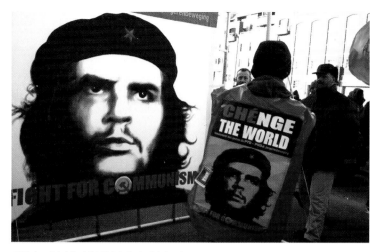

2001년 브뤼셀의 한 집회에 참석한 새로운 세대의 공산주의자들. 아르헨티나 출신의 맑스주의자 체 게바라의 익숙한 이미지를 사용하고 있다.

본성에 대해 제기한 비판의 기본 취지, 즉 어느 누구의 힘도 닿지 않는 외부에 존재하는 듯 보이는 화폐체제가 인류를 짓누르고 있다는 주장이 진실이라는 점을 인정하게 되었다. 맑스와 엥겔스가 "머리에서 발끝까지 모든 털구멍에서 피와 오물을 흘리는" 것으로 자본을 묘사하며 아동 노동과 서서히 몰락하는 가내공업, 공유지의 파괴, 더는 일이 없어 결국 살아남기 위해 도시의 공장으로 내몰리게 된 소농들, 법인 자본주의의 불가피한 합병, 기업들이 점점 더 적은 수의 독점기업으로 결합함으로써 경쟁을 침식하는 현대 경제의 경향에 관해 말한 지 150여 년이 지난 뒤에야 『선언』의 주장이 인정받은 셈이다.

　자신들의 수중에 놓인 각종 국제기구를 앞세워 세계화를 추진하던 자본가들의 핵심 주장은 "대안은 없다"(There Is No Alternative)였다.

그러나 세계화의 상징인 '북미자유무역협정'이 발효되던 1994년 1월 1일 "통제도, 배제도 없는 자율적 삶"을 주장하며 멕시코에서 봉기한 사파티스타민족해방군, 1999년 11월 30일 열릴 예정이던 WTO 제3차 각료회의를 저지하러 시작된 '시애틀 대전투' 그리고 그를 뒤이어 런던, 워싱턴, 니스, 프라하, 나폴리, 제노바 등지에서 전개된 반세계화 운동은 "대안은 없다"는 자본가들의 주장을 무색케 만들었다.

1996년 5월 11일에는 파리 외곽의 라데팡스에서 서유럽 공산주의 정당과 각종 사회단체가 모여 〈취업과 사회 진보를 위한 유럽 진보주의자 대회〉를 개최했다. 서유럽 11개국의 15개 정당과 사회단체에서 모인 5천여 명의 운동가들이 신자유주의 반대와 국제연대의 기치를 내건 이 대회는 1943년의 코민테른 해체 이후 열린 최대 규모의 집회로서, 제4인터내셔널의 맹아라는 평가를 받기도 했다.

이처럼 세계화가 주도하는 '공포의 인터내셔널'에 대항해 전 세계 각국의 운동가들이 보여준 '희망의 인터내셔널'에서 『선언』의 구호인 "만국의 노동자들이여 단결하라!"의 외침이 반향되어 나오는 모습을 찾아보기란 그리 어려운 일이 아니다.

물론 오늘날 『선언』의 기본 취지가 널리 인정받게 되었다고 해서, 『선언』이 후대에게 남겨놓은 문제들까지 자동적으로 해결되는 것은 아니다. 단적으로 『선언』은 혁명으로 가는 길만을 보여줄 뿐, 혁명 이후의 정치나 사회의 모습에 대해서는 말을 아끼고 있다.

파리코뮌의 패배 이후 맑스가 들려준 말, 즉 "기성의 고정되고 준비된 유토피아"를 갖고 있지 않은 우리는 "오랜 투쟁, 즉 환경과 함께 인간을 완전히 변모시키는 일련의 역사적 과정을 거쳐야 한다"는 말은 옳다. 맑스와 엥겔스는 공산주의가 "조성되어야 할 하나의 상태, 현실이 이에 의거해 배열되는 하나의 이상"이 아니라 "현재의 상태를 지양해가는 현실적 운동"(『독일 이데올로기』)이라고 생각했으니, '미래의 청사진' 같은 것은 (현실 사회주의에서 빚어진 것 같은) 위험만 낳을 뿐이라고 보았는지도 모르겠다. 그러나 받아들이기에 따라서, 이 통찰은 "일단 가 보아야 한다"는 식의 회피처럼 보일 수도 있다.

좌우간 맑스와 엥겔스를 다시 무덤에서 일으켜 세울 수는 없는 일이니 『선언』이 남겨놓은 여러 문제들을 해결하는 것은 우리의 몫일 것이다. 그렇다고 해서 이처럼 후대에 해결되지 않은 어려운 문제를 남겨놓았으니 『선언』은 불완전하기 짝이 없는 글이라고 서둘러 실망할 필요는 없다. 150여 년이 지난 뒤에도 우리에게 여전히 꿈을 제시해줄 수 있는 책은 생각보다 그리 많지 않으니 말이다.

그러므로 정작 중요한 것은 이 꿈을 제대로 꾸는 일일 것이다. 러시아혁명을 성공시킨 레닌은 이렇게 말한 적이 있다. "꿈을 꾸고 있는 사람들이 자신의 꿈을 진지하게 믿는다면, 자신의 삶을 주의깊게 관찰해 그 관찰을 자신의 꿈과 비교한다면 …… 꿈과 삶 사이의 괴리는 어떠한 해악도 야기하지 않는다." 러시아혁명은 이 '꿈과 삶' 사이의 연결이 산산조각나 꿈이 악몽으로 변한 예일지도 모른다. 그러니 우리는 '꿈과 삶' 사이의 연결을 놓치지 않으면서 꿈을 꾸어야 할 것이다. 그것이 어마어마하게 큰 꿈이든, 아주 작은 꿈이든 말이다.

Comment on the Text

해제 _ 오늘날의 『공산당 선언』

오늘날의 『공산당 선언』

고병권*

세상을 뒤흔든 위대한 책들의 목록은 대개 금서들의 목록이다. 사상의 위대성처럼 책의 위대성도 위험성을 잣대로 하면 그렇게 많이 틀리지 않는다. 세상을 한번도 위험에 처하게 하지 않은 책이 어떻게 위대한 책일 수 있겠는가. 니체는 이렇게 말했다. "불을 품지 않은 책은 불로써 심판해야 한다." 하지만 위대성이 위험성으로 감지된다는 불행한 사실 때문에 역사에서 불태워진 것은 대부분 '불을 품은 책'들이었다.

『공산당 선언』(이하『선언』) 역시 '불을 품은 죄'로 오랫동안 금서의 앞자리를 차지해온 책이다. 지금도 우리 사회에서『선언』을 읽는 것은 그렇게 안전한 일이 아니다. 국가보안법의 위반자라면『선언』을 소지하는 것만으로도 죄목이 추가될 가능성이 높다. 그러나 나는 이러한 위험성이야말로『선언』이 위대한 첫번째 이유라고 생각한다.

---

* 고병권은 젊은 니체연구자다. 그는 스스로 '니체주의자'로 불리길 좋아하지만, 자신이 니체주의자일 수 있었던 이유는 '맑스주의자'이기도 하기 때문이라고 말한다. "대학 시절 만난 맑스가 아니었다면 세계 변혁은 고사하고 세계를 해석할 생각도 못했을 것이다. 오랫동안 교육받았던 낡은 세계에 내가 처음 의문부호를 던진 것은 맑스를 통해서였다." 니체나 스피노자를 말할 때조차 그는 여전히 '맑스로 가는 길'을 걷고 있다. 지금은 '연구공간 수유+너머'에서 생활하며 혁명에 대한 철학적 해명과 변증법에 대한 극복, 코뮌주의의 이론적·실천적 구성에 관심을 갖고 있다. 『니체의 위험한 책, 차라투스트라는 이렇게 말했다』, 『니체, 천 개의 눈 천 개의 길』 등을 썼고, 맑스의 박사학위 논문『데모크리토스와 에피쿠로스 자연철학의 차이』를 옮겼다.

위험하는 책과 위험한 책

『선언』은 위험한 책이다. 하지만 이때 '위험하다'는 것은 아주 특별한 의미를 갖는다. 그것은 무엇보다도 '위협하다'는 말과 혼동되어선 안 된다. 『선언』의 유명한 문장, "지배계급으로 하여금 공산주의 혁명 앞에 벌벌 떨게 하라"가 위협하는 말일까? 결코 그렇지 않다. 『선언』의 위험성은 오히려 아무도 위협하지 않는다는 사실로부터 나온다.

'위협하다'는 것과 '위험하다'는 것은 어떻게 다른가. 위협하는 자는 무시무시한 폭력을 사용할 때조차 거래를 원한다. 핵무기를 사용하겠다고 말하는 제국의 지도자도, 직장을 폐쇄하겠다는 사장도, 총파업으로 위협하는 노조도, 회초리를 들고 서 있는 교사도 원하는 것은 거래이다. 위협의 효과를 높이기 위해 이들은 실제로 폭력을 사용하기도 하지만, 폭력은 여전히 거래의 메시지이다. 일정한 개량이 이루어지면 그만하겠다는 메시지. 따라서 이들 때문에 현존하는 세계가 위험에 처하는 일은 결코 일어나지 않는다. 오히려 기득권이 강화되고 법이 강화될 뿐이다. 부시를 보라. 위협하는 자가 원하는 것은 세계 속의 이권이지 새로운 세계가 아니다.

그러나 위험한 자는 세계의 이권에 관심이 없다. 그가 원하는 것은 새로운 세계이다. 폭력은 그에게 수단도 목적도 아니다. 벤야민은 노동조합의 정치적 파업과 프롤레타리아트의 총파업의 차이를 이렇게 설명한 적이 있다. "전자의 작업 중단은 노동조건의 외적 변화만을 의도하는 것으로서 폭력적인데 비해, 후자의 작업 중단은 순수한 수단으로서는 비폭력적이다. 왜냐하면 그것은 일정한 개선이 이루어지면 작업을 재개한다는 전제에서 일어난 게 아니라, 더 이상 국가에 의해 강요받지 않는 전면적으로 변혁된 노동에만 참여하겠다는 의지에서 나왔기 때문이다." 위험한 자는 결코 거래를 하지 않는다. 그들이 폭력적으로 느껴진다면 그것은 그들이 폭력을 사용해서가 아니라 그들의 존재 자체가 폭력으로 받아들여지기 때문이다.

나는 『선언』을 읽을 때마다 거기에 나타난 천연덕스런 폭력성, 위협하지 않는 위험성, 악의 없는 공격성에 감탄하게 된다. "지배계급으로 하여금 공산주의 혁명 앞에 벌벌 떨게 하라." 이 도발적 문구는 아무런 거래의 메시지도 담고 있지 않다. 위협도 협박도 없다. 공산주의자들은 지배계급에 대해 오직 자신들이 '잃을' 것만을 발견하므로 그들에게 어떤 것도 요구하지 않는다. 그렇다면 지배계급은 어디에서 공포를 느끼는가. 공산주의자들의 폭력성이 아니라, 더 이상 거래가 불가능한 공산주의자들의 존재와 그 세계에서 그것을 느낀다.

따라서 『선언』을 계시록에 비유하는 사람들은 본질적인 어떤 것을 놓치고 있다. 마샬 버만은 『선언』과 계시록을 이렇게 구분했다. "계시록적 분노는 즉각적이고, 선정적이며, 값싼 전율을 제공한다. 이에 비해 맑스의 관점은 우리가 성숙하지 않으면 보유하기 힘들 정도의 훨씬 복잡하고 다양한 뉘앙스를 가지고 있다."

하지만 이러한 고상한 구분으로는 충분치 않다. 계시록은 선정적이어서가 아니라 위협하기 때문에 문제다. 계시록은 위협하고 주눅 들게 하는 책이다. 그것은 죄와 벌로 이루어진 심판의 책이다. 그러나 『선언』은 차라리 복음서에 가깝다. 그것은 위축시키고 처벌하는 책이 아니라 자극하고 촉발하는 책이다. 그것은 복종보다는 자유의 본능을, 질서의 경계보다는 위반의 횡단을 부추긴다.

프롤레타리아트라는 공통의 이름

『선언』이 위대한 두번째 이유는 그 스스로가 기술한 내용을 생산한다는 사실이다. "이제까지 사회의 모든 역사는 계급투쟁의 역사이다." 그러나 그렇게 말함으로써 『선언』은 계급투쟁을 생산한다. "만국의 노동자들이여 단결하라." 그러나 그렇게 말함으로써 『선언』은 노동자를 하나의 계급으로 생산한다. 과거를 기술하기 위해 과거를 생산하고, 주체를 포착하기 위해 주체를 생산하는 것이다. 들뢰즈와 가타리는 『선언』의 슬로건에 대해 이렇게 말했다. "만국의 노동자들이여 단결하라! 이는 프롤레타리아트적 조건이 신체로 주어지기 이전에 대중에서 프롤레타리아트를 추출하는 비신체적 변환으로 구성되어 있다."

우리는 '프롤레타리아트', 즉 '무산자'라는 이름이 『선언』 속에서 어떻게 발견되고 생산되는지에 주목할 필요가 있다. 모든 역사를 계급투쟁의 역사로 단순화한 것은 다양하고 복잡하게 배열된 신분과 세력들의 역사적 차이를 무시하는 게 아니다. 그것은 모든 시기에 현존하며 어디서나 확인할 수 있는 어떤 공통된 자를 추출하는 과정이다. 그 공통된 자가 바로 프롤레타리아트이다. 프롤레타리아트는 빈곤하며, 배제되고, 억압받고, 착취당하는 자들의 공통 이름이다.

노동자들은 프롤레타리아트의 19세기적 형상이다. 이들은 모든 이익의 생산에 참여하지만 모든 이익에서 배제된 자이다. 하지만 이때 노동계급을 자극하는 『선언』의 문장들은 놀라울 정도로 명랑하다. 『선언』의 위대함은 프롤레타리아트의 비참한 현실이 아니라, 그로부터 탈주하는 프롤레타리아트의 비상을 보여주는 데 있다. 맑스는 프롤레타리아트가 근대에 진입하면서 겪었던 이중의 자유, 즉 인격적 예속으로부터의

분리와 생산수단으로부터의 분리를 묘사하면서 '포겔프라이Vogelfrei'
(자유로운 새)라는 말을 사용했다고 한다. 물론 이때의 자유는 시장에
내던져진 노동자의 슬픈 현실을 역설적으로 표현한 것이다. 그러나 정
말 그것뿐일까. 그렇지 않다. 니체가 『즐거운 지식』에 덧붙였던 '포겔프
라이의 노래'와 같은 명랑성이 『선언』을 지배하고 있다.

　부르주아지의 공격에 대한 『선언』의 반박에는 슬픈 현실을 넘어서
는 강철 같은 명랑성이 존재한다. "당신들은 우리가 사적 소유를 청산하
려 한다고 경악한다. 그러나 오늘날 당신들의 사회에서 사적 소유는 사
회 성원의 10분의 9에게 이미 폐지되었다.""공산주의자들은 조국과 국
적을 없애려 한다는 비난을 받고 있다. 그러나 노동자에게는 조국이 없
다." 사유재산과 보호해줄 국가가 없다고 해서 프롤레타리아트는 슬퍼
하지 않는다. 왜냐하면 그들은 그것을 박탈당했지만 또한 없애버릴 생
각이기 때문이다.

　『선언』은 대중의 무차별적 흐름으로부터 프롤레타리아트를 분리해
냈다. 하지만 그와 동시에 모든 역사적 프롤레타리아트가 자신이 속한
시대로부터 벗어난다는 사실을 당당하게 공표한다. 혁명적인 탈주, 갖
고 있지 않은 것을 잃어버리기. 이렇듯 『선언』의 수사는 매우 각별한 것
이다. 부르주아지는 프롤레타리아트의 결핍을 이용한다. 그들은 가난한
자들을 경쟁시키고 더욱 큰 가난으로 위협하면서 더욱 가난하게 만든
다. 그렇지만 『선언』은 결핍을 예속의 조건이 아니라 자유의 조건으로
전환시킨다. 그것은 결핍을 채우려 하지 않고 결핍을 결핍하게 만듦으
로써, 즉 '가지고 있지 않은 것'을 능동적으로 '잃어버림으로써' 해방의
가능성을 발견한다.

혁명의 영원회귀

기존의 모든 지배계급들은 자신의 현재적 전유양식을 강화함으로써만 지배력을 확보하지만, 프롤레타리아트는 자신의 전유양식을 폐지함으로써만 주인이 될 수 있다. 프롤레타리아트의 혁명은 프롤레타리아트 자신의 죽음을 의미한다. 스스로 죽음으로써 살아 돌아오는 자. 니체는 이렇게 묻곤 했다. "너는 너의 죽음을 욕망할 수 있는가." 영원회귀란 스스로 죽는 자의 영원한 돌아옴이다. 『선언』이 위대한 세번째 이유는 혁명의 영원회귀를 제기하는 데에 있다. 죽음을 통해 영원히 돌아오는 자. "하나의 유령이 떠돌고 있다. 공산주의라는 유령이."

혁명의 영원성은 시간의 문제와 긴밀히 연관되어 있다. 부르주아지는 어떻게 보면 진정으로 역사에 시간을 도입한 계급이다. 부르주아지의 시대에 들어 "고정되고 단단히 응고된 모든 관계는 사라지고," "끊임없는 변혁과 부단한 교란, 항구적인 불안과 동요"가 역사 속으로 들어왔다. 프롤레타리아트 역시 부르주아지가 도입한 시간 속에 거주한다. 하지만 그들은 부르주아지와는 다른 시간대에 거주한다. 『선언』은 부르주아지의 시간과 공산주의의 시간을 대비시킨다. "부르주아 사회에서는 과거가 현재를 지배하나, 공산주의 사회에서는 현재가 과거를 지배한다." 자본은 죽은 과거의 노동의 집적물이기 때문에 자본의 지배는 과거의 지배를 나타낸다. 그러나 공산주의는 현재적 자유를 위해 축적된 과거의 노동을 사용한다.

그러나 현재와 과거의 대비는 불충분한 것이다. 로자 룩셈부르크는 개량과 혁명을 상이한 시간대로 구분한 적이 있다. 개량은 과거에 속하지만 혁명은 미래에 속한다. 세계를 연장할 것인가, 세계를 시작할 것인가. 나는 미래야말로 『선언』의 시간이라고 생각한다. '오지 않은' 시간이 아니라 '도래할 시간'으로서, '와 있지만' '아직 현실화되지 않은 시간'으로서, 모든 역사 속에서 무산자들 곁에 잠재된 형태로 미래가 존재한다. 부르주아지의 시대가 현재에 달라붙은 과거라면, 공산주의 시대는 현재에 달라붙은 미래이다. 공산주의가 현 상태를 지양하기 위한 영원한 운동이라는 말은, 시간이 흐르는 한 혁명은 영원한 것이라는 말에 다름 아닐 것이다.

그래서 나는 『선언』을 세 가지 이름으로 부른다. 그것은 위험한 책이자, 생산하는 책이며, 미래의 책이다. 그것은 위험한 복음이자, 혁명-기계이며, 영원회귀하는 유령이다. 하지만 누군가 하나의 이름으로 말하라고 한다면, 나는 이렇게 답할 것이다. 그것은 '위대한 책'이다.

Appendix

부록

공산당 선언에 대해 더 알고 싶다면

더 읽을 만한 책

칼 맑스/프리드리히 엥겔스, 김태호 옮김, 『공산주의 선언』, 박종철출판사, 1998.
1890년 출판된 독일어 제4판 『공산당 선언』의 번역본. 맑스와 엥겔스의 여러
서문들(총 7편)이 모두 수록되어 있을 뿐만 아니라 풍부한 옮긴이 주가 실려 있
다. 본문 번역은 같은 출판사의 『칼 맑스/프리드리히 엥겔스 저작선집 1』(최인
호 옮김, 1991)에 수록된 번역이 더 좋은데, 책값이 비싼 게 흠이다. 『공산당 선
언』의 초안인 엥겔스의 「공산주의의 원칙들」은 위의 책, 그리고 책세상에서 출
간된 『공산당 선언』에 수록되어 있다. 뒤의 책에 부록으로 수록된 이진우 교수
의 해제(「철학자 마르크스, 공산주의에서 공생주의로」)도 흥미롭다.

프랜시스 윈, 정영목 옮김, 『마르크스 평전』, 푸른숲, 2001.
맑스의 전기적 사실에 지나치게 초점을 맞췄다는 단점은 있지만, 박제화된 맑
스의 모습에서 벗어나 그의 인간적인 면모를 보여준다는 장점이 있는 책. 맑스
라는 인물의 무게감에 주눅들지 않고 경쾌한 필치로 쓰여져서인지 수많은 맑스
평전 중 가장 재미있다.

보리스 까갈리쯔끼 외, 카피레프트 옮김, 『선언 150년 이후』, 이후, 1998.
『공산당 선언』 출간 150주년을 기념해 1998년 파리에서 열린 국제학술대회의
기고 논문을 선별해 모아놓은 책. 다양한 국적, 다양한 분야의 연구자들이 기고
한 18편의 논문과 『공산당 선언』 출간 90주년을 맞이해 러시아 혁명가 레온 트
로츠키가 쓴 논문이 수록되어 있다.

안토니오 네그리 마이클 하트, 윤수종 옮김, 『제국』, 이학사, 2001.
'21세기의 『공산당 선언』'이라는 찬사를 받으며 발간되자마자 베스트셀러가

된 자율주의적 맑스주의자 네그리와 하트의 야심작. 이 책에 부여된 찬사가 과장일지는 몰라도, 자본의 세계화에 맞서 새로운 혁명 전략을 제시한 이 책에는 『공산당 선언』의 정신이 스며들어 있다.

맑스코뮤날레 조직위원회 엮음, 『지구화시대, 맑스의 현재성 1, 2』, 문화과학사, 2003.
"동구권 붕괴 이후 급속히 잊혀져 온 맑스와 맑스주의 이론의 정신과 방법을 오늘의 시대상황에 되비추어 계승 및 혁신"한다는 취지 아래 2003년 개최된 학술 문화제의 기고 논문 모음집. 『공산당 선언』의 정신이 국내 활동가들과 연구자들에게 어떻게 받아들여지고 있는지 알 수 있는 알찬 책이다.

이사야 벌린, 안규남 옮김, 『칼 마르크스: 그의 생애와 시대』, 미다스북스, 2001.
가장 권위 있는 맑스 전기로 알려져 있는 책. 맑스의 전기적 사실을 놓치지 않으면서도 맑스 사상의 핵심을 잘 요약하고 있다. 특히 제6부 '역사적 유물론'은 맑스주의가 '경제주의'라는 세간의 평가를 무색케 만든다.

Hobsbawm, Eric(ed.), *The Communist Manifesto: A Modern Edition*, London: Verso, 1998.
영국의 대표적인 맑스주의 역사학자 홉스봄이 『공산당 선언』 출간 150주년을 기념해 편집한 책. 새로운 세대의 영어권 독자들을 염두에 둔 매끈한 번역이 돋보인다. 특히 홉스봄이 쓴 32쪽에 달하는 소개글은 『공산당 선언』의 의의를 체계적으로 분석해 주고 있다.

Hunley, J. D., *The Life and Achievements of Friedrich Engels*, New Haven: Yale University Press, 1991.
『공산당 선언』의 공동 작성자이지만 종종 간과되고 있는 엥겔스의 평전. 맑스 사후 엥겔스가 맑스의 사상을 왜곡했다는 기존의 평가를 반박하며 엥겔스가 맑스에게 끼친 영향을 부각하고 있다.

Wolff, Jonathan, *Why Read Marx Today?*, Oxford and New York: Oxford University Press, 2003.
초기 저작, 역사이론, 경제학, 공산주의, 인간 본성 등 5개의 항목을 중심으로 맑스의 사상을 정리해 놓은 책. '현실 사회주의'의 붕괴에도 불구하고 맑스를 읽어야 하는 이유를 설득력 있게 제시해 주고 있다.

가볼 만한 사이트

jbreview.jinbo.net 진보평론
1999년 4월 17일 국내 신좌파와 구좌파의 통합을 표방하며 설립된 진보적 이론진영의 계간지. 매호의 논문들을 웹상에서 서비스하고 있다.

www.jinbo.net 진보네트워크 참세상
진보적 사회운동의 정보화를 표방하며 설립된 소통와 연대의 장으로서, 국내외 진보운동의 투쟁소식뿐만 아니라 각종 시사문제를 좌파적 시각에서 본 기사와 의견도 볼 수 있는 사이트이다. 정치, 노동, 여성 등 각 부문별 단체들의 홈페이지가 모두 링크되어 있다.

www.marxmail.org 맑스주의 메일링 리스트
전 세계의 활동가들과 연구자들이 맑스주의를 둘러싼 갖가지 주제를 토론하는 사이트. 영어를 써야 한다는 단점은 있지만 다양한 종류의 맑스주의자들을 만날 수 있다는 장점도 있다.

www.marxists.org 맑스주의 인터넷 자료실
맑스주의의 전 세계 보급을 위해 지난 15년 동안 맑스와 엥겔스의 전집은 물론 이거니와 레닌, 트로츠키, 그람시 같은 각국의 유명 맑스주의 혁명가들과 연구자들의 글을 38개국어로 제공해온 비영리사이트. 한국어로도 지원되지만 아직은 맑스와 엥겔스의 글 7편밖에 없다.

찾아보기

세계를 뒤흔든 공산당 선언

초판 1쇄 발행 __ 2005년 2월 28일
초판 4쇄 발행 __ 2016년 3월 25일

지은이 __ 데이비드 보일
옮긴이 __ 유강은

펴낸이 __ 임성안
펴낸곳 __ (주)그린비출판사 · 신고번호 제25100-2015-000097호
주소 __ 서울시 은평구 증산로 1길 6, 2층
전화 __ 702-2717 · 702-4791
팩스 __ 703-0272
E-mail __ editor@greenbee.co.kr